シリーズ
世界の社会学・日本の社会学

Robert Lynd

ロバート・リンド

アメリカ文化の内省的批判者

An Introspective Critic on American Culture

園部雅久 著
sonobe masahisa

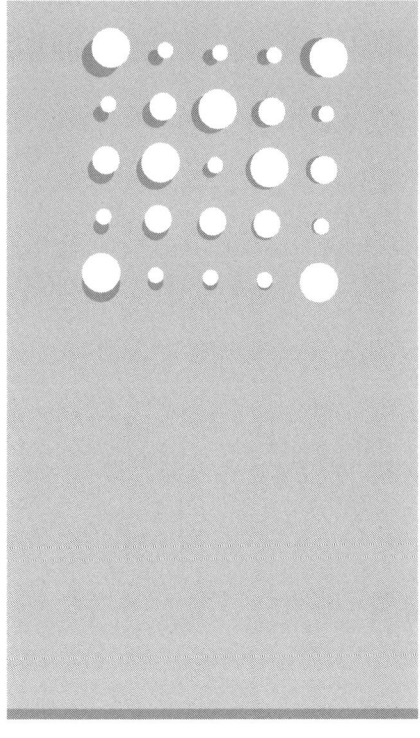

東信堂

「シリーズ世界の社会学・日本の社会学」(全50巻)の刊行にあたって

ここにこれまでの東西の社会学者の中から50人を選択し、「シリーズ世界の社会学・日本の社会学」として、その理論を解説、論評する叢書を企画、刊行することとなりました。このような大がかりな構想は、わが国の社会学界では稀有なものであり、一つの大きな挑戦であります。

この企画は、監修者がとりあげるべき代表的な社会学者・社会学理論を列挙し、7名の企画協力者がそれを慎重に合議検討して選別・追加した結果、日本以外の各国から35巻、日本のすでに物故された方々の中から15巻にまとめられる社会学者たちを選定することによって始まりました。さらに各巻の執筆者を、それぞれのテーマに関して最適任の現役社会学者を慎重に検討して選び、ご執筆を承諾していただくことによって実現したものです。

各巻の内容は、それぞれの社会学者の人と業績、理論、方法、キー概念の正確な解説、そしてその今日的意味、諸影響の分析などで、それを簡潔かつ興味深く叙述することにしています。形態はハンディな入門書であり、読者対象はおもに大学生、大学院生、若い研究者においていますが、質的には専門家の評価にも十分に耐えうる、高いレベルとなっています。それぞれの社会学者の社会学説、時代背景などの紹介・解説は今後のスタンダードとなるべきものをめざしました。また、わが国の15名の社会学者の仕事の解説を通しては、わが国の社会学の研究内容の深さと特殊性がえがきだされることにもなるでしょう。そのために、各執筆者は責任執筆で、叙述の方法は一定の形式にとらわれず、各巻自由に構成してもらいましたが、あわせて監修者、企画協力者の複数によるサポートもおこない、万全を期しております。

このシリーズが一人でも多くの方々によって活用されるよう期待し、同時に、このシリーズが斯界の学術的、社会的発展に貢献することを心から望みます。

1999年7月

監修者　北川隆吉　東信堂社長　下田勝司
企画協力者（敬称略）　稲上　毅、折原　浩、直井　優、蓮見音彦
宝月　誠、故　森　博

ロバート・リンド

Robert Lynd (1892-1970)

Photograph from Richard Greene Collection, Ball State University Libraries

はじめに

本書はミドルタウン研究で著名なロバート・リンドの生い立ちから晩年までの生涯をたどり、彼の三部作といえる『ミドルタウン』、『変貌期のミドルタウン』、『何のための知識か』を中心にリンドの問題関心や研究内容を紹介し、その現代的意義を考えようとするものである。これまで、日本の学界において、リンドは、コミュニティ研究、調査方法としての参与観察法、社会階層論、および権力構造論の先駆者という位置づけが一般的であった。それに対して、本書では、副題に「アメリカ文化の内省的批判者」と付けたように、リンドの生涯を通した問題関心が、消費資本主義の発展を支えるアメリカ文化のあり方そのものの批判にあったことを主張する。リンドの業績をそのように捉え直すことで、グローバリゼーションが進展し、文化のアメリカ化が大きな流れになっている現代において、リンドの文化論、社会科学論を今日読み直すことの意義を改めて見いだすことができる。

当初、このシリーズの企画を伺い、北川隆吉先生からリンドを担当してもらえないかと言われたとき、わたしは大変戸惑い、お断りするつもりであった。その理由は、一つは、工学部出身であったわたしが、社会学という分野を専門にするようになったとき、社会学というのは、人、学者の研究をするのではなく、現実の社会を分析するのが本道だと強く感じていたことである。そしてもう一つは、単純にわたしは、リンドのファンでも理解者でもなかったことである。それまでのわたしとリンドの接点は、中村八朗先生から先生の訳書『ミドゥルタウン』を送っていただいたおりに、誠に不謹慎ながら、斜め読みしたことがある程度であった。それもアメリカのどこかの知らない町の結構冗長な物語ぐらいにしか理解していなかった。それゆえ、とてもリンドについて自分が一冊の書物を書くことができるとは夢にも思えなかった。

その後、はっきりとお断りすることもできず、ある意味ずるずると引き延ばしているとき、『ミドルタウン』の共著者であり、リンドの妻であったヘレンが「彼（リンド）は、いつも自分自身について、評判をおとすような事柄を強調して、褒められるような事柄を控えてしまう傾向があった」と自らの自伝的回想録に書いているのを読んで、何となく、リンドという人物に親しみがわき、彼の人生を少し調べてみようと思うようになった。その後、本書の原稿が思うように捗らなかったおりも、ヘレンのこの言葉が何となく気になり、途中で止めてしまわないですんだように思う。

本書の執筆に関して、わたしはもう一つ忘れられない経験をした。リンドの調査地ミドルタウンがインディアナ州マンシーであったことは周知の事実だが、わたしは、インターネットで、そのマンシーにあるボール州立大学の図書館に、ミドルタウン研究センター(Center for Middletown Studies)という組織があるのを知り、二〇〇一年の九月五日、マンシーに向けて旅立った。マンシーへは、シカゴ経由でインディアナポリスへ、そこからバスで二時間ほどである。バス停をおりたマンシーは、ごく普通のアメリカ中西部の小さな町であった。鉄道が走っていたリンド時代の町並みとは大きく変わっているのであろうが、ホワイト川の流れはおそらく当時のままなのであろう。ただし、忘れられない経験は、マンシーでではなく、その帰路のことである。

シカゴから日本に帰るつもりの日が、九月一一日であった。言わずと知れた、九・一一のテロの日である。ニューヨークやワシントンではなかったが、シカゴでも、次はシアーズ・タワーが狙われるのではないかといった憶測が飛びかい、街中から人影が消えるほどの緊張感であった。おかげで飛行機は飛ばず三日間シカゴに足止めを食らうことになった。わたしにとってマンシーへの旅は、この歴史的なテロ事件と共に記憶に残るものとなった。

ともあれ、本書を書き上げたいま、その出来栄えはさておき、ある人の研究業績を読むとき、その人の生涯の中に、その仕事を位置づけて理解することの重要さを改めて学んだように思う。自分からは決してしなかったであろうこの仕事を、押し付けて下さった北川隆吉先生と予定を大幅に遅れたにもかかわらず、辛抱強く待っていただいた東信堂の下田勝司社長に感謝します。また、ゼミ合宿でリンドの業績を一緒に読んでくれた院生たちにも大いに感謝しています。ありがとうございました。

最後に、リンドの本のタイトルの訳語について記しておく。*Middletown*『ミドルタウン』、*Middletown in Transiton* は『変貌期のミドルタウン』、*Knowledge for What?* は『何のための知識か』と訳した。ただし、中村八朗訳の本そのものを指す場合には、訳本の表記に従い『ミドゥルタウン』とした。本文中の引用のページは、断りの無い限りそれぞれの訳本のページを表わす。原書からの引用の場合は、原書と記した。

二〇〇七年九月

著　者

ロバート・リンド――アメリカ文化の内省的批判者／目次

ロバート・リンド——アメリカ文化の内省的批判者

第1章　人と時代と業績

夫婦でハイキング

1　若き日のリンド

ロバート・スタウトン・リンドは、一八九二年九月二六日、インディアナ州ニュー・オルバニーで生まれ、一九七〇年一一月一日、コネティカット州ウォーレンで七八歳の生涯を閉じた。

彼の父は、ニュー・オルバニーの近くケンタッキー州ルーイヴィルで、銀行業を自ら営んでいた。父の家は、アメリカ革命のときに、英国から渡ってきたアングロサクソンの家系である。父は経済的理由から高校も卒業しておらず、銀行の使い走りから経営者になった努力家であった。また、長老教会の指導的な信徒であり、完璧なカルヴィニストで、プロテスタント倫理の体現者でもあった。真面目で、誠実で、道徳的に厳しい父は、立派な生活とは、秩序ある生活、情け容赦なく検討する意識をふまえた理性的な計画にしたがった生活であると息子に教えていた。リンドは、「私は敬虔な長老教会員の家族に、……幸せで、正直な家庭に育った」(Lynd, L. Miscellaneous Items about Robert Lynd, March 9, 1954, Robert and Helen Lynd Papers) と自ら回顧している。

一九一〇年にルーイヴィルの高校を卒業したリンドは、プリンストン大学へ進学した。プリンストン大学は、アメリカの長老教会正統派の牙城であった。しかし、リンドにとって、このプリンストンでの大学生活は、あまり楽しい時代ではなかったようだ。彼の中西部のスタイルが、アイヴィリーグの連中とうまくいかなかったらしい。彼の妻ヘレンが「彼は、そこいらをぶらぶらして誰にでも『やあ』と声をかけるような友好的な人だったが、（プリンストンでは）そういうことは、普通ではなかった。それに彼は、排斥されているように感じて、仲間をつくらなかった。……彼はいつも、自分自身については、評判を落とすような事柄を強調して、褒められるような事柄を控えてしまうような人間だった」（Lynd, H. Possibilities, 1983, pp.32-33）と回想している。

それでもリンドは、一九一四年、プリンストン大学の英文学専攻を優秀な成績で卒業する。リンド自身は、卒業後一年間、世界中を見て回りたいと思っていたようだが、勤勉さを失うことを恐れた父親のビジネスの世界に入るようにという忠告に従って、ニューヨークで、雑誌『パブリッシャーズ・ウィークリー』の編集助手として働き始める。『パブリッシャーズ・ウィークリー』には、四年間勤務し、その後二年間は、スクリブナー社の一般書籍部門の広告マネージャーや、雑誌『フリーマン』の出版業務などに携わっている。この六年間は、リンドが、出版界でビジネスマンとして、それなりに成功を収めていた時期である。

この間、リンドは、第一次世界大戦中の一九一八年の六月から五ヶ月間、陸軍一兵卒として兵役についたが、そこで病気になり、陸軍病院に入院した。この入院生活が、その後のリンドの生き方を左右することになる。病気が快方に向かうと、リンドは読書のかたわら、入院患者に英語や算数を教えたり、本を読んであげたり、相談にのって励ましてあげたりといった次第に人々を助ける役回りになっていた。この人々の助けになるという体験にリンドは非常な満足感を覚え、人が本当に幸せになるための生き方とは、他者への創造的な奉仕にあるという信念をむねに戦争から帰ってくる。ひとまずは、もとの出版ビジネスの仕事に戻ったリンドだが、以前にも増して、仕事というよりも天職という考えに魅かれていく。

その後一年と六ヶ月の間に、リンドは、人生において精神的な価値こそが最も重要なのだということ、また、宗教こそが、そのような精神的価値の養成と保護にとって最も重要なものなのだという信念を強めていく。そして、リンドは自らに問う。では、なぜ自分は伝道をしないのか。宗教や教会の重要性を認めるなら、今の職を辞めて、牧師の道を選ぶべきではないのか。この問を携えてリンドは、一週間の休暇をとって、独り山に登り、カヌーを漕ぎ、将来を考え、自分の人生を牧師にかけてみることを決心して山から下りてくる。後に妻ヘレンは、具体的には述べていないが、当時交際が始まっていた自分との関係も、彼のこの決心に少なからず影響を与えたのではないかと回想している。

一九二〇年の秋、リンドは出版の仕事をやめ、ニューヨークにあるマンハッタン・ユニオン神学校に入学する。この神学校は、リベラルで、各宗派がいりまじってはいるが、かなり長老教会派的な学校だといわれる。彼の神学校での三年間の成績は全科目優秀であった。とりわけ、リンドが最終学年に受講した、J・デューイの哲学卒業講義科目が、彼の思想に、また最終的には彼のその後のキャリア選択に、深い影響を与えたといわれる。ただしリンドは、教室での講義だけに満足していたわけではなく、実地に働くことを強く希望していた。

リンドは、神学校一年生の終わりに近い、一九二一年三月、長老教会の伝道本部委員会に夏季休暇中の仕事の依頼に出向いた。一個人の聖職者に何ができるのかという自らの課題を考えるために実地に出たいというリンドの申し出に、その委員会は、インディアナ州の片田舎の教会か、教会など全くなく、自分で自分のやり方を作り出さねばならないワイオミング州の石油基地のどちらかを選ぶようにいった。彼は、即座に、大きな可能性があるようにみえる後者の方を選んで、その年の五月、石油基地エルク・ベイスンへと旅立った。彼は、そこに一五週(約三ヶ月)間滞在し、伝道師の仕事につくことになる。リンドは、エルク・ベイスンでの経験を「原油宗教」と「石油に殺されて」という二つの小論にまとめている。

宗教の考えを、他の価値ある物と同じように、人々に「売る」ことができるのかどうかを試すためにエルク・ベイスンにやってきたという、リンドの伝道師としての生活は、「原油宗教」によれば、必ずしも順調に始まったわけではなかった。エルク・ベイスンに降り立った第一印象を記述したあと、リンドは、「この窪地の中での三ヶ月間は、まるで無期懲役の刑であるかのように思われた」と述懐している。また、エルク・ベイスンの人々も、「一体伝道師がこんなところで何をやりたいと思っているのか」とささやき、とりわけ男たちは、疑わしい目つきで自分を見、ある男に至っては、リンドにここから立ち去るべきだとほのめかすのだった。

このように、自分が必ずしもその社会に受け入れられていないと感じたリンドは、地元のスタンダード・オイルの子会社で、日当四ドル半、週六日半の人足の仕事につくことを決心する。この決断は功を奏し、翌日から下水路堀りの一団で、ツルハシとシャベルをかついだリンドをみる男たちの目からは、胡散臭さは消え、友好的な好奇心の眼差しに変わった。リンドは、徐々に自分がここの社会に受け入れられつつあることを感じる。到着から一週間ほどした、彼のはじめての日曜夕べの説教には、かなりの聴衆が集まった。そこでリンドは、「私は、皆さんに神学を説くためにここにきたのではありません。皆さんも私も、とても大きくみえる問題をかかえています。そして、私たちが宗教に期待することは、こうした実際の問題にどう対処するかを示すことです」と説く。はじめての説教は大成功だった。

この日曜夕べの会の成功を受けて、リンドは、この地域の当面の課題が、とりわけ女性や子どもたちの余暇の充実にあると考え、その後の三ヶ月間、積極的な活動を展開する。金曜夜には、アマチュア音楽の夕べを開催し、ボーイスカウトとガールスカウトの分隊を組織し、成人日曜学校で教え、水曜夜の祈祷の価値についての研究会を指導し、少年たちをキャンプや釣りにつれていった。九月になり、彼の最後の日曜夕べの説教は、あたかも葬式のようだったという。それだけリンドは、エルク・ベイスンの人々に、精神的・社会的リーダーシップを発揮してくれる人として受け入れられ、尊敬されていた。ただし、それが宗教の力であったかどうか、言い換えれば、宗教が「売れた」のかどうかについては、余暇もままならない過酷な労働を強いられているエルク・ベイスンという地域的特殊性に鑑みて、リンドは、「ある意味、何も証明されなかった」と冷静に述べている。

一方、エルク・ベイスン滞在のもう一つのレポートである「石油に殺されて」は、石油基地の人々の労働条件を中心とした生活状況全般に焦点をあてて、彼の滞在経験をもとに、社会批判を念頭に書かれている。その批判の矛先は、博愛主義者、J・D・ロックフェラーに向けられる。その主旨は、彼の持ち株会社、スタンダード・オイルがエルク・ベイスンの小企業をコントロールして、この石油基地に非人間的な労働条件や生活をゆるしているという大資本批判であった。それは、エルク・ベイスンの人々は、スタンダード・オイルという大企業に搾取され、過酷な労働を強いられ、まさに「殺されている」という内幕暴露のレポートであった。そこには、「原油宗教」に見られたような伝道師的色彩は全くなく、リンドの長男スタウトンは、父親の人生を振り返り、「この論文以降、リンドは、伝道師をやめ、社会学者になった」と記述している。この表現が適切か否かはさておき、この夏のエルク・ベイスンでの実地体験が、その後のリンドの人生に大きく影響したことは間違いない。

一五週間の実地体験を終え、神学校に戻ったリンドは、宗教の勉強に取り組む。この時期、神学校卒業までの二年間、リンドが何を考えていたのかを知るためには、神学校での最終学年の履修科目、教育哲学へ提出した二つのレポートが参考になる。この教育哲学は、デューイの弟子というキルパトリックの担当科目であり、リンドは、講義の一学期末に「伝道は成人再教育の機能を持つか？」というレポートを書き、さらに最終学期末には、「近代教育法の観点からの伝道批判」というレポートを書いている。

最初のレポート「伝道は成人再教育の機能を持つか？」のなかでリンドは、伝道を集団教育の試みと位置づけ、パブロフの条件反射（刺激と反応）の理論をもとに、伝道の条件づけの機能を問題とする。今日の弱肉強食の経済システムのもとで、週六日間、日々激しい競争にさらされている人々の状況と、日曜日に説教を通じて、愛の福音で人々を条件づけようとする教会の努力とを想起するとき、週一回の説教壇での教えは、ほとんど希望がないようにみえると彼はいう。ただしここで、リンドは教会の役割や説教のもつ意味を否定しているわけではない。重要な問題は、説教を通じて、人々を再教育できるか否かということではなくて、むしろどれだけ多く我々はそれを効率的になしうるのかにあるという。そして、その具体的な方法として、一方的な説教に替わって、礼拝に集まった人々による、有能なリーダーのもとでの少人数での議論と、教会の会員による寸劇を提案している。

続く最終学期末レポート「近代教育法の観点からの伝道批判」では、タイトルにも象徴されるように、最初のレポートよりもより伝道に対して批判的な論調となる。リンドは、精神世界としての宗教や教会の社会的意義を評価しつつも、その一方、伝道師が一方的に話す日曜の朝の説教は、現代の教育実践の最も優れた方法に反しているという。また、その目的もコミュニティのキリスト教化であり、人々をキリスト教化するということは、ある種のめがねを通して人生を見るように人々に教えることであり、それは、人々に一つの見方を押し付けるものであるという。そのような伝道は、短期的には人々の救いになるかもしれないが、より長期的には、個人的にも社会的にも、決して良い結果をもたらさないと主張する。彼はここで、宗教がもつ保守的な態度を生み出す傾向に目をむけ、聖書やキリストの行為に学ぶ、教条的な伝道の仕方を批判している。また、ダーウィニズムが哲学をより謙虚なものにしたというデューイの言葉を引きながら、宗教もまた、そうあるべきだと説く。

さらにリンドは、神学校三年間の経験を、キリスト教的信仰と呼ばれる生活の特別な見方を受け入れ、宣伝するよりも、事実関係で事実を見、事実を発見することに関心がある経験的思考家にとっては、もはや教会の説教壇に居場所はないことを学んだと強い口調で総括する。その背後には、すでに触れた、教義に対して、実験、試験、懐疑を強調し、知識の相対性と価値システムの多元性を主張するデューイの思想的影響をみることができる。また、それと共に、神学校一年次における、エルク・ベイスンでの体験が若きリンドの思想形成に大きな影響を与えたことが窺い知れる。

一九二一年九月、エルク・ベイスンから帰ったリンドは、ヘレンと結婚する。リンド二八歳、ヘレン二五歳のときである。ヘレンによれば、リンドは、結婚式の三日前に、とてもやせこけ消耗していたが、興奮してエルク・ベイスンから帰ってきたという。ちなみに、リンドとヘレンの馴れ初めは、ヘレンがウェルズリー大学を卒業した一九一九年の夏に遡る。この夏、妹と一緒にハイキングに行ったヘレンは、ちょうど夏季休暇で山にきていたリンドと道の途中で出くわし、会話を交わす。その折、理由は定かでないが、T・ヴェブレンの『有閑階級の理論』が話題になったという。その場では、お互いの名前も交わさずに二人は別れるが、次の日リンドは山小屋で、ゲスト・ノートに記されたヘレンの名前と住所を発見し、後日、会いたいという手紙をヘレンに書き、交際が始まった。ヘレンによれば、彼女のルームメイトからその話が伝わり、当時、ヴェブレンの『有閑階級の理論』をもって旅行に行くことが、ウェルズリー大学の女子学生の間で流行ったという。リンドの代表作『ミドルタウン』が、この妻ヘレンとの共同研究の成果であることはあまりにも有名である。

2　壮年期のリンド

他者を助けることに生きる意味を見出し、聖職者になることを決意して仕事をやめ、神学校に通った若きリンドだったが、その結果は皮肉にも、教条的な伝道への懐疑であり、伝道師になることを放棄することであった。そのときのリンドの関心は、キリスト教の教義を教えるよりも、事実を静かに比較考察することにあり、事実を直視して、自分たちの問題を通して考えるように、人々の手助けをすることにあった。リンドの息子の言葉を借りれば、リンドは、このとき聖職者になるのをやめ、社会学者になった。

一九二三年、ユニオン神学校を優秀な成績で卒業した三〇歳のリンドは、社会宗教調査研究所からスモール・シティ・スタディ（小都市研究）の指導者を委任される。これがリンドとミドルタウン研究との直接の出会いとなる。リンドが「石油に殺されて」で批判の矛先を向けたロックフェラーとその弁護士H・フォスディックは、一九二一年一月に、この社会宗教調査研究所の前身となる社会宗教調査のための委員会を設立していた。それは、アメリカのプロテスタント教会を強化し、統一するための「科学的」宗教調査を生み出すことを意図した機関であった。そこでは新興の科学である社会学が、宗教的努力の近代的な手段であるべきであり、アメリカ社会秩序の有効性と正当性の重要保証人とみなされていた。

委員会の提案を受けて、ロックフェラーは、スモール・シティ・スタディのプロジェクトを受け入れ、一九二三年早々に、ノースウエスタン大学の社会学者W・L・ベイリー指導のもとに、予備調査が始まった。ベイリーは、その年の春までに、調査対象都市の候補を、インディアナ州サウス・ベンド、イリノイ州ロックフォード、オハイオ州ステューベンヴィル、ウィスコンシン州ケノーシャ、ミシガン州ジャクソンの五つに絞っていた。ところが、その年の五月、委員会は、ベイリーのプロジェクト指導者としての資質に問題があるとして急に彼を解任した。そして、その後釜に推薦されたのがリンドだった。こうしてリンドは、一九二三年五月から向こう三年間、このプロジェクトの主任に任命され、年俸四五〇〇ドルと旅費、および調査費を委員会から受け取った。

主任に指名されて以降直ちに、リンドは自分の考えるプロジェクトの方向性を積極的に打ち出した。六月末にリンドは、「調査の目的は、サウス・ベンドの教会のために役立つ調査ではなく、新しいタイプの調査を生み出すことである。この新しいタイプの調査とは、とりわけ正確に何がコミュニティの精神生活であるのかを探求するものであり、たとえば、新しい精神的衝動がどのようにして起こるのか、どんな主体がそれを喚起し、育成するのかなど、そのダイナミックな側面への特別な言及を含めて探求することである」と研究所のG・フィッシャー宛に私信を述べている。

ところでリンドは、一九二三年の一一月末ごろまでは、まだベイリーが候補にあげていたインディアナ州サウス・ベンドを調査するつもりでいた。ただし、新しいタイプの調査を試みようとしているので、状況をできるだけシンプルにするために、その調査対象を白人アメリカ人に限定したいという意向を持っていた。ところが、その意向を研究所に伝えたところ、研究所の回答は、それなら全体を調査できる、もっと小さな白人アメリカ人の都市をみつけたらどうかというものであった。そこで、リンドは、一二月早々、調査対象地を探しにイリノイ州のディケイター、インディアナ州のココモとマンシーに出かけた。その結果、リンドが選んだのは、人口三八〇〇〇人、その九二％がアメリカ生まれの白人で、そのまた九二％が親の世代もアメリカ生まれの白人というインディアナ州マンシーであった。ミドルタウンとは、このアメリカ中西部のマンシーであったことはすでに広く知られている。一九二四年一月、妻ヘレンが二ヶ月間の最初の基礎調査に合流し、ここマンシーで本格的な調査研究が始まった。リンド三一歳のときである。

ミドルタウン調査内容の紹介と詳しい検討は次章で行うことにして、ここではその成果をめぐるリンドと社会宗教調査研究所とのひと悶着に触れておきたい。そもそも研究所には、研究所の使命、ひいては調査研究に対する考え方が異なる二つの派閥があったといわれる。一つは、一九世紀末のC・ブースによるロンドン労働者階級の貧困調査に範を求め、緊急の社会問題を定義し、プラクティカルで効果的な解決策を提言しようとする問題解決志向ないし政策志向のグループであった。もう一つは、研究所の第一の目的は、問題解決ではなく、客観的な事実発見にあるべきだと考えている科学志向のグループであり、そこでは、経験的基礎作業がまだ不十分なのに政策を提案するのは時期尚早だという考え方が支配していた。リンド自身のスタンスは、明らかに後者であったが、リンドがとった人類学的方法は、その両方のグループから評価されなかった。科学志向グループの中心的存在であり、研究所内でのリンド批判に対して、一貫して彼を支持してきたフィッシャーでさえ、リンドのとった方法は行き過ぎだと批判的であった。

しかし、リンドはあきらめなかった。若き日の編集や広告業務で培ったセールスマンシップの技能をフルに活用して、リンドは、『ミドルタウン』の出版へとこぎつける。その際、アメリカ自然史博物館の館長で、文化人類学者のC・ウィスラーの好意を得たことが大いに役立った。ウィスラーは、その社会科学者としての高名な地位だけでなく、彼自身がマンシー近くの小さな町出身であったことから、リンド夫妻の仕事の科学性を保証した。一九二六年七月七日、ウィスラーは研究所のフィッシャー宛てに、マンシーの実際の知識があるから、リンドの客観性を納得したと手紙に書いている。それは研究所のスタッフを説得するのに十分なものであった。

リンドは、原稿を修正し、短縮するのに次の一年半を費やした。一九二七年、リンドが社会科学調査評議会（SSRC）のW・ミッチェルの助手の仕事を受諾したことが遅れた原因であった。一九二八年三月七日、フィッシャーが『ミドルタウン』を出版する旨の研究所の最終決定をリンドに手紙で知らせている。一九二九年一月、リンド夫妻がマンシーに調査に入って五年後、リンド三六歳の年に『ミドルタウン』が出版された。本はベストセラーになり、その後八年間に、大恐慌時にもかかわらず、一冊五ドルで三二〇〇〇部が売れたという。大成功であった。

『ミドルタウン』によるこの名声がリンドを大学教授の職につかせることになる。一九三一年、社会科学調査評議会の常勤の秘書になっていたリンドは、かつての上司、コロンビア大学の政治科学大学院教授のミッチェルの強い支持とR・マッキーヴァーに求められて、コロンビア大学の社会学のテニアつき教授職を得た。マッキーヴァーは、アメリカ社会学の分野で過去一〇年間のうちで、おそらくもっとも注目すべき本の著者であり、シカゴ大学が優位にあるコミュニティの経験的方法による研究を、コロンビア大学で推進するであろう人物として、リンドを教授陣に推薦している。この推薦には、コロンビア大学のシカゴ大学に対する対抗意識が如実にあらわれていて面白い。この教授職を得るにあたって、同年リンドは、『ミドルタウン』の自著部分で、博士号(Ph.D)をコロンビア大学から取得している。コロンビア大学には、その後一九六〇年、六七歳で退職するまで、二九年間勤めることになる。

リンドは、コロンビア大学に就任後、最初の三年間に、二つの大きな調査研究プロジェクトに着手する。一つは、マンハッタンのアメリカ生まれ白人一五〇家族に対する大恐慌のインパクトに関する研究であり、もう一つは、ニュージャージー州モントクリアのビジネス階級数百家族の大恐慌期に関する研究である。ただし、いずれのプロジェクトも完成することはなく、大学着任後の実質的な大きな仕事は、一九三七年の『変貌期のミドルタウン』の出版であった。

リンドは、一九三五年六月、五人のリサーチ・アシスタントとともにマンシーを再訪するが、そのとき彼は、『ミドルタウン』の続編を書くつもりはまったくなかったという。ただ、大恐慌がもたらした影響を含めて、一九二五年以降のマンシーの主要な社会変化を跡づける『ミドルタウン』への補遺を書くことを考えていた。そのためマンシーの調査滞在も二週間にすぎなかった。ところがリンドは、その年の夏、『変貌期のミドルタウン』の大部分の原稿を書き上げる。それはまた、必ずしも再訪調査から得られたデータを基にするものではなかった。『変貌期のミドルタウン』の内容の詳しい検討は次章に譲るが、そこにはリンドのこの一〇年間の学問に対するスタンスの変化が色濃く影響しているように思われる。それは、彼の同僚であり友人でもあったP・ラザスフェルドが、後に回顧しているように、大恐慌の間に、リンドが極めて政治的に意識的になったことである。それを裏づけるように、『変貌期のミドルタウン』では、前著ではほとんど触れられていなかった、コミュニティの権力構造や政治機構としての政府というテーマが好んで取り上げられている。

ではなぜ、この時期にリンドは、それほどまでに政治的に意識的になったのか。そのなぞを解く一つの鍵は、リンドが大恐慌の期間に、消費者問題に極めて強い関心を向けるようになったことがあると思われる。一九三〇年の夏、まだ社会科学調査評議会に勤務していたリンドは、ミッチェルの強い推薦で、フーバー大統領の社会動向調査委員会のプロジェクトに、消費に関する章をうけもつ人物として選ばれた。この委員会の委員長は、シカゴ大学のW・オグバーンであった。彼は、この問題に一年以上取り組み、厳しい不況の最中、一九三一年から一九三二年にかけての冬に、報告書を書き上げた。このときリンドは、すでにコロンビア大学に着任しており、教授一年目の大学院のコースで、「現代社会における消費の社会的側面」をテーマに取り上げながら報告書の執筆にあたっていた。分担執筆した章（一七章）のタイトルは「消費者としての人々」で、報告書は一九三三年にマグロー－ヒル社から出版されている。

この章でリンドは、ますます専門分化し都市化する文化のなかで、生活に必要な多くのものが商品として購入されなければならなくなっていること、それゆえ今日の社会動向を研究するためには、人々の消費習慣の研究を行う必要があることを強調したうえで、人々の消費に影響を与える要因を検討している。そのなかでとりわけリンドが注目したのは、一九二〇年代後半の広告業の発展であり、消費者は、ますます大きくなる広告の力に抵抗し難く、増大するビジネス組織や産業の巨大な圧力をまえに、無能力化しているということであった。リンドは、今の時代が、経済生活がすべて組織化される大転換期にあり、極めて個人的な行動の時代から、協同活動の時代への過渡期にあるにもかかわらず、大衆は協同の圧力行動という政治手段をもっていないというフーバー大統領の言葉を引いて、消費者には、自分たちの利害を政府の政策に反映させる組織化された集団がないことを問題視する。そして、報告書の結論部分では、現在、連邦政府のなかに消費者問題に関する総合的で効果的な政策を担当する部局がないことを指摘し、〈消費者省〉といえるような産業界の圧力から消費者を守るための政府組織の必要性を提言している。ただし、この論稿も公表をめぐっては、『ミドルタウン』のときと同様、社会科学のあり方をめぐって、委員長のオグバーンと激しく対立している。興味深いことは、前回と異なり今度は、リンドの政策提言、問題解決に役立つ、実践的な社会学をめざすという政策志向の立場が問題となっていることである。この後リンドは、消費者問題に政府のコントロールの拡大を求めて、自ら消費者運動にかかわり、ロビー活動を展開するようになる。研究者としてのリンドのもう一つの顔である活動家としてのリンドがこのとき誕生する。

一九三〇年代、リンドは、「消費者としての家族員」（一九三二年）、「消費者にとってのニューディール」（一九三四年）、「消費者が問題になる」（一九三四年）、「民主主義の第三の身分——消費者」（一九三六年）などの論稿で、消費社会批判および金銭文化批判を積極的に展開する。その一方でリンドは、一九三三年六月、四〇歳のとき、初期ニューディール政策の一環である全国景気回復行政庁（ＮＲＡ）の消費者助言会議（ＣＡＢ）に指名され、翌一九三四年五月、消費者助言会議の商品規格に関する委員会の議長になり、さらに同年一二月、その執行委員に加わった。非常勤の行政官として、リンドは、政府の費用で定期的にワシントンに出張し、消費者よりも産業界や労働組合の要求にずっと耳を傾けている行政庁のなかで、消費者利害の代弁者という役割を担った。しかし、消費者助言会議の力が強くなったにもかかわらず、行政庁は、相変わらず産業界よりの姿勢を崩さなかった。そこでリンドは、行政庁には批判的になり、政府が全国景気回復行政庁および消費者助言会議を廃止するに及んで、草の根組織を立ち上げることに努力する。その結果、一九三七年、約二五の地域組織をもった全国消費者連合が設立され、リンドは、その副会長に就任している。このような消費者運動とのかかわりのなかで、リンドは権力の問題を避けてとおることができないと強く感じるようになる。権力の問題が、自分が考える社会目標を達成するうえで不可欠なテーマとなり、その後ほぼ二〇年、彼の研究テーマの中心的な位置を占めるようになる。『変貌期のミドルタウン』は、このような背景のもとでリンドが彼の妻ヘレンと共に書いた一冊であった。

『変貌期のミドルタウン』の出版後、リンドは、人間の理性の本質的な限界を憂慮しつつ、資本主義を超える社会の原理を模索していた。そして、一九三八年三月、母校プリンストン大学で、「アメリカ文化と社会科学」という題目で四回の小講義を行っている。リンドの三冊目で最後の単行本著作となる『何のための知識か』は、この講義内容がもとになっている。この本の内容の詳しい検討は次章に譲るが、三〇年代の消費研究や消費者運動の経験は、リンドに、本当の科学は、分析すること、推論を引き出すこと、そして行動に移すことであるという信念を植え付けた。科学的理解と社会問題の解決という二項対立を前者に後者を含めることで解消しようと試みていた。また、最後の章では、私的資本主義には、全人口の最大幸福を達成することは望めないのだから、また、人間は、理性的であるよりも多分に感情的なのであるから、社会変化のコースを決定するのは、計画者の責任であると論じた。それは社会を変えるためには、中央集権的な社会計画の導入が必要であるという主張であった。

講義内容の出版の準備を始める前、その年の六月、四五歳のリンドは、サバティカル（研究休暇）

を利用して、妻ヘレンと八歳と四歳になる二人の子どもをつれて、北欧に旅している。その旅行を利用して、リンドとヘレンは、二人の子どもをストックホルムの友人に預け、八月の三週間、ソ連に滞在している。リンド夫妻は、以前からロシアにおけるミドルタウンを検討することに興味をもっていたようだった。それは、中央集権的な社会計画への関心でもあった。しかし、当時、外国人を怪しむ風潮にあったソ連側の対応はあまり芳しいものではなく、許可なしに田舎にドライブに出かけた時に、秘密警察に二時間拘束され、きびしく尋問されたことをリンドは後に打ち明けている。ただし、リンドは、そのようなロシアでの経験によって、中央集権的な計画への情熱を翻すことはなかった。

3　熟年・晩年のリンド

『何のための知識か』は、一九三九年四月にプリンストン大学から出版されたが、おしなべてアカデミック界での評価は芳しいものではなかった。とりわけ、「乱暴な仮説」と題された最終章の評判は決して良いものとは言えなかった。一九四〇年代になると、リンドは、権力と民主主義の問題を中心にいくつかの論文を雑誌に掲載している。そこでは、工業化が進展し、競争が激しくなる時代において、政治的パワーと経済的パワーが相互に互恵的な関係になっていることが強調される。組織化されたビジネス企業は、ますます国家によって活動を規制されることを好まなくなり、一方国家は、ビジネス業界の福祉と国家の福祉とを同一視する傾向にある。「ビジネスは政治のなかにあり、国家はビジネスのなかにある」とリンドは言う。また、組織化され、集権化された産業パワーは、教育、コミュニケーションメディア、世論、ならびに政府それ自体をコントロールする段階にあり、ますますその影響力を強めている。それに対して、労働界以外の一般大衆の組織化は遅れており、自分たちの影響力を行使することができないことがアメリカの民主主義が今日直面している最大の問題であるとみなしている。

しかしこの時期、若い世代の社会学者の数量的なアプローチが学界の支配的な傾向になるにつれ、リンドは次第に自分の仕事に自信を失い、しばしば鬱状態にあったとも言われる。そして、一九五〇年代には、数本の短い文章を一般雑誌に載せるにとどまった。皮肉なことに、この若い世代の数量的アプローチの中心的人物が、リンドの友人ラザスフェルドであった。ラザスフェルドは、リンドに請われ、一九四〇年にコロンビア大学に就任している。リンドが、三〇年代に始めた二つの大恐慌調査のプロジェクトも五〇年代にやりかけていたアメリカの権力に関するプロジェクトも、ラザスフェルドともう一人の同僚、R・マートンがしばしば仕上げるように説得したにもかかわらず、ついに完成することはなかった。

一九五四年、六一歳になったリンドは、必死に自分を見出し、正直に生きようとする、次のような内容の私的なメモを残している。自分は自分自身を尊敬しているから、この狼狽する世の中で、自分らしく、また自分に忠実であろうとしている。私たちは困難な時代を生きている。組織が権力を握っているので、一人の立派な個人がそれほど重要な時代ではなくなっている。だが、一人の人間が達成できる勝利とは、それもとくに知識人にとって、少なくとも自分が生きている間は、真相を知ろうと努めることだ。人生の究極の不名誉とは、今の時代の問題は何なのか、そしてなぜそれが問題なのかを理解することなしに忘却してしまうことだ。それゆえ知識人の仕事は、いま何が起こっているのか、また、なぜそうなっているのかを理解し、民主主義および人間の尊厳と両立しうるどのような方策が可能なのかを見出すことである。これはドンキホーテ気取りで、涙もろく聞こえるかもしれない。自分は間違っており、自分に申し訳ないと感じることも非常に重要なことだが、私にとっては、人がたまたま生きた時代を、ただ漂い死ぬよりも立派なことをしようと努力しているることもまた重要なのだ。

一九六〇年六月、六七歳のリンドは、自らコロンビア大学を退職する。周囲はあまり予期せぬことだったようで、親族や友人、教え子などから数多くの驚きの手紙や電報がよせられている。退職前の五月一二日、リンドは、「国家の計画」と題する大学院の授業で、最終講義を行っている。翌日のニューヨークタイムズ紙によれば、平素は数人の大学院生が受講しているに過ぎない授業に、三〇人以上の人が集まり、リンドは驚きを隠せなかったようである。また、講義の最後に受講生から花束を贈られ、これまで大学の誰からも花束をもらったことはなく、とても感動していると言ったそうである。また、その日に、大学から思ってもいなかった名誉教授の称号を与えられたことを報告している。そして、彼がもう一冊の本を書く予定があるという報告に対して、リンドは、六七歳の年になって、本を書く予定なのか、あるいは本を書きたいと思っているだけなのかと自嘲気味なコメントを述べているが、アメリカの都市における権力の問題をテーマに本を書くつもりが以前からあったことは確かなようである。五〇年代なかば、リンドは、同僚のマートンに本の草案を送っている。ただし、その内容に対するマートンのコメントはかなり厳しいものであった。

退職から五年後、七三歳にならんとするリンドは、カナダの大学からのティーチングの誘いを断る手紙のなかで、自分について次のようなことを書いている。自分は、多分に、変わり者の社会学者で、小都市研究（ミドルタウン）のプロジェクトを受けたときも、それまで社会学の教科書を読んだこともなかった。また、大学時代から、大学の先生になろうとは思ってもいなかった。コロンビア大学からの誘いを受けたのは、生活のために働くビジネスに対して、大学の方が、自分が重要と思う社会規範を理解したり、助長したりするうえで、かなり自由であり、自分が成長できると思ったからだ。自分は、書物による社会学者になるのではなく、また、構造とか機能とか役割とかいった観点から授業をするのではなく、社会の権力のいろいろな性質や構造に関心があり、西欧先進諸社会における民主主義（デモクラシー）の問題点に関心がある。自分の社会学はそういう社会学であった。また、この手紙のなかで、リンドは、五〇歳代なかばから、目の病気を患っていたこと、そして現在も心臓を患い不安定な健康状態にあることを告白している。

この手紙からさらに五年後、一九七〇年一一月一日、リンドは七八歳で、その生涯を閉じることとなった。リンドの死後、同僚のラザスフェルドは、自分のことも踏まえて、教育者としてのリンドは、他者に対して内部指向的な人間であり、多くの移民学生に対してきわめて寛容であって、その適切な指導は学生から大変感謝されていたと回顧している。また、リンドは、家族をいつもとても大切に思っていて、たびたび息子の小さい頃の自慢話を聞かされたと追悼文に記している。

最後に、リンドの生涯において中心的な仕事となった、『ミドルタウン』と『変貌期のミドルタウン』、この二冊の本の共著者である妻ヘレン・メリル・リンドについて簡単に紹介しておきたい。ヘレンは、一八九六年三月一七日に、イリノイ州ラ・グランジェで生まれる。一九一九年ウェルズリー大学を卒業後、ニューヨークの女子校で教師を務めるが、『ミドルタウン』出版後の一九二九年から一九六四年までは、サラ・ローレンス大学の講師を勤めた。その間、一九四四年にコロンビア大学からPhD.を取得している。専門は、歴史哲学と社会心理学であり、主要な著書に『一八八〇年代のイギリス――自由の社会的基盤へ向けて』（一九四五年）と『恥とアイデンティティの探求について』（一九五八年）などがある。二二歳でリンドと結婚し、リンドとの間に、長男（スタウトン）、長女（アンディ）の二人の子どもを儲ける。二冊のミドルタウン研究の共著者ではあるが、それは大方、夫リンドの研究であったとヘレンは後に語っている。実際、ヘレンは一九三五年のマンシーへの再調査訪問には参加していない。一九八二年一月、八五歳でその生涯を閉じた。

4　リンドの思想的背景

リンドは自ら、自分の生涯にもっとも影響を与えた思想家として、デューイ、ヴェブレン、ミッチェルの名をあげている。リンドは、ユニオン神学校での最後の年に、デューイの哲学卒業講義科目を受講し、この科目が、彼の思想に、またその後の彼のキャリア選択に深い影響を与えたと言われる。人間の思考過程や人間行為の目的論的性質といったデューイのプラグマティズムの考え方にリンドは強い影響を受けた。デューイの中心理論は、「探究としての思考の理論」であり、人間という動物に特有の思考活動を思想の中心に置いた。彼はまた、政治も法律も社会制度も芸術もすべて、絶え間ない変化の過程にあると考え、これらの変化のために、古い習慣と新しい状況との間に、衝突が起こるが、これらの衝突から、変化の方向に向けようとする欲求や可能性が暗示されてくるという。意味に満ちた生活の鍵は進歩であって、それは、たえず経験のかたちを変え、つくりかえることである。生活の敵となるものは、変化に対して盲目的に反抗することであり、知性の働きは、社会や政治や感情や思想のなかに巣くっている時代遅れの方法を、ぬけめなく批判することであるという。リンドは、ミドルタウン調査のなかで、新しい習慣と古い習慣の衝突に着目し、そこに進歩の可能性を見ようとする。

一方、『変貌期のミドルタウン』やその一般化でもある彼の社会科学論『何のための知識か』には、経済学の制度学派と言われるヴェブレンやその弟子ミッチェルの影響を見のがすことはできない。この書物が書かれた時期、すなわち大恐慌とニュー・ディールの時代には、一種の制度学派ブームがあったと言われる。ヴェブレンは、アメリカ産業化の過程において、独占資本が急速に支配力を強めた二〇世紀初期、功利主義が最大多数の最大幸福を唱えながら、それを保証する客観的条件は、一部の層のみに約束されている状況、言い換えれば、レッセ・フェールも機会均等も形骸化している現実を批判した。ヴェブレンは、オグバーンの名で知られる文化遅滞論的発想のもとに、技術進歩とそれにもとづく物質的な拡大と、それを意味付け解釈する文化的側面とのズレ、すなわち文化の立ち遅れあるいは、惰性化に危機感を募らせていた。彼のいう遅滞する文化とは、レッセ・フェールや自助の精神、個人主義といったこれまでの習慣であり、独占資本段階の既得権益層が、その習慣を操作することによって、自らの利益追求があたかもレッセ・フェールや自助の精神の産物であるかのように正当化している点を批判した。そして、ヴェブレンが提示するオルタナティブは、私的利益の追求を至上命令とする資本家層から、産業の合理的、公共的運営を担いうる管理者集団にイニシアティブを移行させることであった。リンドも後に詳しくみるように、専門家集団や社会計画の役割に大きな期待を抱くようになる。

ミッチェルは、ヴェブレンの影響を受けながら、現代社会における消費行動の分析を発展させた。リンドは、ミッチェルの論文「遅れた金銭支出術 :The Backward Art of Spending Money」(1912) を好んで読んでいたといわれる。そのなかで、ミッチェルは、古典経済学の考え方に反して、家庭による金銭支出は、しばしば非合理的であり非効率的であることを指摘する。それは、家庭の主婦は、購買において、賢い合理的な意思決定をするにたる十分な情報も時間も持っておらず、その上、多くの広告や誇示的消費を誘う手段にさらされているからである。そして、ミッチェルは、経済学者や社会科学者に、家庭の主婦たちが、賢い金銭支出をできるように助言する、〈家政学ドクター〉としての専門職の役割を期待する。リンドとミッチェルの直接の出会いは、リンドが一九二七年に、社会科学調査評議会でミッチェルの助手を勤めるようになってからであるが、三〇年代におけるリンドの消費社会研究の主要なテーマは、ミッチェルのこの考え方に強く影響されている。

第2章 コミュニティ調査の展開と社会分析

リンド夫妻

1　ミドルタウン調査

(1)リンドの問題関心と調査対象地

『ミドルタウン』の冒頭、リンドは、現地調査の目的を次のように記している。「現地調査の目的は、アメリカの一小都市の生活を織りなしている諸動向を同時的に相互連関するものとして研究することにあった。典型的な都市などというものは、厳密にいえば、存在しない。しかし研究対象となった都市は、さまざまなコミュニティを広範囲にとりあげてみてもそれらと共通する特徴を数多く持っているものとして選び出された。現地作業にさいしても報告書作成にさいしても、何らかの命題を証明しようと試みはしなかった。目的はむしろ観察された現象を記録することにあり、それによって疑問を提起し、集団行動の研究における新しい出発点の可能性を示唆することにあった」(p.10)。

調査研究にあたってのリンドの意図が、研究のクライアントである社会宗教調査研究所の意向とは最初から微妙にくい違っていたことは、すでに第1章で触れた。リンドの問題関心は、社会統合における教会の役割を明確にするというような宗教的問題にあったのではなく、『ミドルタウン』の副題にあるように、現代アメリカ文化そのものを理解することにあった。一九二〇年代のアメリカは、産業革命後の近代化、機械化、工業化が急速に進展する時代であった。リンドの目的は、そのような経済社会構造の大転換期にあって、アメリカの文化価値システムがどのような変容に直面しているのかを詳細かつ経験的に捉えることであった。

そのために選定された調査対象地が、アメリカ中西部の小都市、ミドルタウン（仮称）であった。それが、インディアナ州マンシーであったことは今では周知の事実となっている。調査対象地の選定にあたって、リンドは以下の二点を考慮している。第一は、その都市は可能な限り現代アメリカ生活を代表していなければならないこと。第二は、同時にそれは、このような全体状況的研究において十分扱いうるほどに小規模であり同質的でなければならないこと。第一のアメリカ生活の代表性という条件に関しては、次の七つの項目が検討されている。(1)温和な気候。(2)相当に成長率が高く、現代の社会変動に伴って発生する苦難が各種に見られること。(3)近代的高速機械生産を伴った工業文化。(4)一つの工場によって市の産業が支配されていないこと。(5)工業活動に匹敵する内容ある地域の芸術的文化生活。(6)アメリカの平均的なコミュニティから外れるような特別な地域問題がないこと。(7)できればアメリカの共通分母といわれる中西部にあること。そして、第二の小規模、同質性という条件に関しては、次の三つの項目をあげている。(1)人口二万五千から五万人規模の都市。(2)可能な限り自足性を持った都市で、衛星都市ではないこと。(3)黒人および外国生まれの人口の少ないこと。

この最後の人種、民族的項目に関しては、エスニシティ(民族的変化)の変数にわずらわされない産業化(文化的変化)を探求したいというリンドの意図が窺える。リンドは、次のように言う。「同質的で、自国生まれの人口を扱うことは、アメリカの工業都市では一般的でないにしても、明らかに利点があると思われる。そのことによって、人種変動と文化変動という二つの主要な変数を扱わずに、文化変動だけを集中的に扱うことが可能になった。その結果、この研究では、相対的に不変の土着のアメリカ人と彼らの環境の変化との相互作用が調査されることになった」(pp.15-16)。リンドにとって、実質的なアメリカ文化とは、自らがそうであったように、アメリカ中西部生まれのアメリカ人の、プロテスタントの精神とヴィジョンにあった。産業化が、その先祖伝来の美徳と精神的エネルギーをどのように変容させているのかが問題関心の中心であった。

このような規準で調査対象地に選ばれたインディアナ州マンシーは、一八八五年には人口約六〇〇〇人の農業中心の郡庁所在地であった。一八九〇年に、人口は一万一〇〇〇人を越え、工業都市への発展につれて、一九二〇年には、三万五〇〇〇人以上になっていた。市の主要な産業は、ガラス工業、金属工業、自動車工業の三つであった。一八九〇年の国勢調査によれば、外国生まれは、市人口の五％弱、黒人は四％弱であったが、一九二〇年でも、外国生まれは約二％、黒人は約六％であった。全人口の九二％が本国生まれの白人で、リンドの調査対象者は、その範囲に限定された。至近の大都市には、六〇マイル離れた、人口三五万人未満の都市（インディアナポリス）がある。市の市民クラブと婦人クラブが音楽に得意であったため、一八八〇年代以降、マンシーは州全域に〈素晴らしい音楽の町〉として知られるようになった。

マンシーの人々の記憶にとって、欠くことができない出来事が、一九世紀当初の開拓生活と一八八〇年代末の天然ガス景気である。この都市に産業革命をもたらしたのは、一八八六年末の天然ガスの噴出であった。ただし、その天然ガスもあっという間に消滅し、二〇世紀になる頃には、製造業用の天然ガスのことはむかし話し同然のものとなっていた。リンドは、ミドルタウンの産業化の起点として、天然ガス噴出後の一八九〇年を選定し、「アメリカのこの特定のコミュニティの現代生活を、過去三五年間その内部で観察しえた行動の変動傾向に照らし、動態的かつ機能的に研究した結果を提示する」(p.13) ことが報告書の目的だと書いている。

(2) 調査方法

ミドルタウン研究のためにリンドがとった方法は、基本的に文化人類学的なものであった。それは、異文化の世界からやってきた訪問者のように、ミドルタウンを可能な限り局外者的立場で観察し研究することであった。リンドは、調査研究を始めるための枠組として、イギリスの文化人類学者のウィスラーとW・リヴァーズが考案した人間行動の分類体系という考え方を採用した。それは、どんな社会であろうとも、そこでの人間の行動というものはさまざまに異なるとはいえ、共通するいくつかの主要な活動に集約できるというものである。リンドは、リヴァーズに習って、ミドルタウンの主要な生活活動を、生活費獲得、家庭づくり、青少年の訓育、遊び・芸術などさまざまな形の余暇利用、宗教的慣行への参加、地域活動への参加の六つに分類し、それぞれの分類ごとにデータを収集し分析を加えている。研究成果『ミドルタウン』では、この六つの生活活動が第一章から第六章に割り当てられ、また、それが各章のタイトルにもなっている。ただし、分析にあたっては、生活の各活動が他の活動と独立に存立するわけではなく、生活のあらゆる側面が、一貫した全体の部分として機能しているという機能主義的なシステムの見方を採用している。これが『ミドルタウン』がアメリカ社会学における最初の機能主義作品の一つと言われる所以である。

リンドの方法のもう一つの特徴は、単なる機能分析ではなく、歴史的なパースペクティブを導入していることである。すでに述べたように、リンドは、一八九〇年のミドルタウンを調査時点（一九二四年一月から一九二五年六月まで）との比較の準拠年に設定した。その理由として、「その年次から資料の利用可能範囲が広くなること、および一八八六年末になってやっと研究対象都市では天然ガスが発掘され、一八九〇年代の落ちついた郡庁所在地をやがて工業都市に転換させることになった大景気が緒についたこと」(p.12) をあげている。そしてその目的は、「現在の行動を条件づけている過去の行動のより明確な理解」にあるとし、一九二四年のミドルタウンは、一八九〇年のミドルタウンを条件としてのみ理解できることを強調した。

研究に用いられた各種調査技法については、『ミドルタウン』の補遺に「調査法にかんする覚書」と題して、リンドは詳細に記述している。それによれば、研究には、地域生活への参与、文献資料の検討、統計の収集整理、面接、自計式調査票の異なる五つの方法が使われた。地域生活への参与では、「調査スタッフは各人がアパートか一般家庭の部屋を借りてそこで暮し、あらゆる可能な方法で当市の人々と同じ生活を営み、ミドルタウンの他のどの住民もそうしたと思われるように、友人をつくり、地域での結びつきに加わり責任を引き受けた」(p.251) という。文献資料の検討では、「センサスのデータ、市と郡の記録、法廷書類、学校の記録、州の隔年報告書と年鑑類などは入手できるばあいは必ず利用した」。さらに、代表的日刊紙の記事や各種団体の議事録などが用いられている。統計の収集整理では、既存の統計資料を用いるが、それが得られない場合でも、市と州都の情報源から、あるいは調査スタッフが計算して多くのデータを算出したという。

面接には、街でたまたま知りあった人達との偶然の会話から、調査票を用いた入念に計画された面接までの広い範囲の面接調査が含まれている。調査票を用いた計画された面接には、プロテスタントの指導的立場にある牧師やＹＭＣＡの主事など地域の役職者への調査と、住民一般への調査がある。このうち住民一般への調査は、ミドルタウンの階層構造を考慮したものになっており、労務階層（ワーキングクラス）の一二四家族と業務階層（ビジネスクラス）の四〇家族に実施されている。家族を選ぶ基準は、アメリカ生まれの白人のアメリカ人であること、市の境界内に居住していること、夫婦がともに存命でかつ同居していること、六歳から一八歳までの年齢の子どもを一人以上持っていることであった。面接は、すべて妻に対して行われている。標本抽出（サンプリング）の方法は、労務階層の家族の場合、市内の異なった地区に立地し、市の製造業を代表する主要三工場の給与支払名簿から住所を調べ、労務階層の中核と思われる家族を選定している。一方、業務階層の場合は、リンド自身が、業務集団のすべてのレベルをそれほど代表していたわけではないと告白しているように、サンプリング台帳的なものは用いられず、調査の過程で、ミドルタウンの人々が善良でしっかりした人達と称するような家族を適宜選んだようである。このように両方の調査とも標本抽出の方法は無作為抽出ではなく、リンド自身が認めるように、調査結果の数値は、ミドルタウンの人々の行動に関する完全な証拠としてではなく、意義のある指標、ないし傾向を示唆するという意味合いで提示されている。他計式調査票による面接調査に加えて、調査には自計式調査票も用いられた。まず、市内に所在地のあるクラブ組織に、その構成員と活動に関する調査票が配布された。また、高校の英語クラスの受講生には、高校在学者の生活を取り上げた調査票が配布された。ただし、このどちらの調査票にも、一般的態度を測定するような質問項目は含まれていない。

このようにリンドがとった調査方法は、参与観察法から文献分析法、既存の統計分析に調査票調査と極めて多岐にわたり、いわゆるマルチ・メソッドの方法の実践であった。共同研究者であった妻ヘレンは、後に、調査に入った当初の様子を次のように綴っている。「（マンシーでの受け入れは）とても友好的だった。私たちは、どんな反対にもあわなかった。はじめから私たちは夕食に招待された。最初にスティーヴンス夫人、彼女は社会的なリーダー、それから有力家族のボール家の人たちに」(Lynd, H. Possibilities, p.36)。リンドは、熱心に、ビジネス・クラスの生活にとびこみ、早々とこの街の医者、銀行家、資産家と友達になり、この四人が、週一回、夕食とディスカッションのための定期的な集まりをもったという。そして、リンドのおしゃべりな家主、急進的な学校教師、町の社会学者といったミドルタウンの普通の住民三人がその後の調査で、とりわけ主要なインフォーマントになったと回顧している。

(3)ミドルタウンの階層構造

リンドのミドルタウン研究の分析枠組を簡単に図示すれば、**図1**のようになる。すなわちそれは、一八九〇年代から一九二〇年代へのミドルタウンの動態的変化の要因として、まずは技術革新があり、それを基盤とした産業化、都市化の過程がある。そしてそれが、コミュニティの六つの生活領域にどのような影響を及ぼし、人々の行動や意識、考え方をどのように変えたのかを経験的に分析することになる。その際、コミュニティの受け手側の要因としてリンドは、階層、性別、年齢の要因に着目するが、そのなかでとりわけ重要な分析用具となるのが、ミドルタウンの職業による階層分化である。リンドは、ミドルタウンに見られる四〇〇に近いさまざまな職業を、労務階層（ワーキングクラス）と業務階層（ビジネスクラス）に二分し、次のように説明する。「第一の部類の人々は生活費獲得にあたっての活動を主として物質に係わらせており、物的道具を用いて物の作製とサービスの遂行にあたる。他方、第二の部類の人々はその活動を特に人間に係わらせて、物、サービス、アイデアの、販売とか増進にあたる。（中略）連邦センサスによる一九二〇年度有給就労者分類を、この部類別によって再分類すると、労務階層の人数は業務階層の二倍半、一〇〇人につき業務階層の二九人に対して労務階層は七一人になる」。そして、階層分化を把握するうえで、上流階層、中流階層、下流階層という慣習的な三分法を用いなかった理由として、第一に、生活費獲得活動の

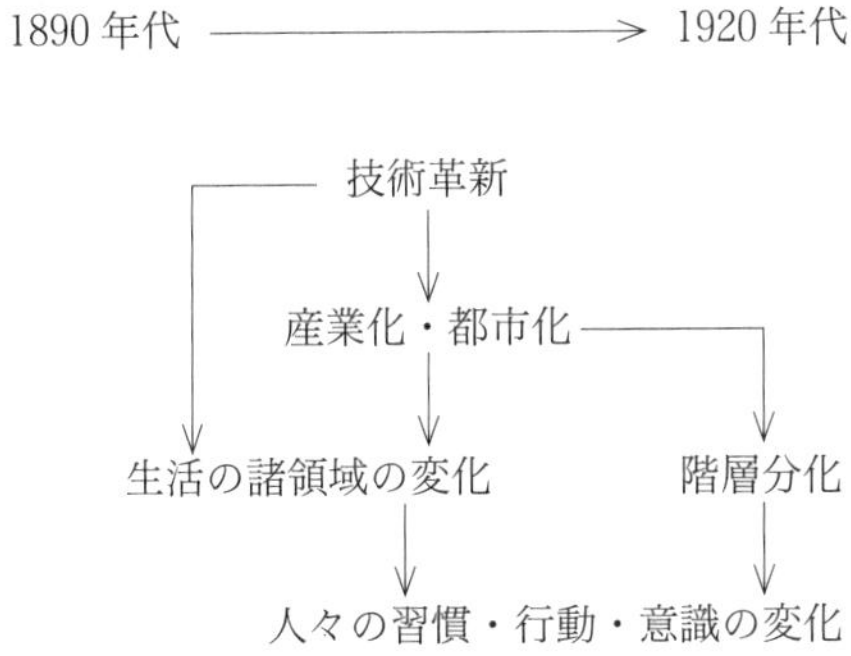

図1　ミドルタウン研究の分析枠組

重要性が、主に職業活動を基礎とした社会成層の型を人々に刻印しているので、職業での格差を前面に押し出す用語が望ましいと思われたこと、第二に、この三分法による分類を今日のミドルタウンに当てはめると、上流階層と考えられるのはせいぜい数世帯で、そのほとんどが中流階層と下流階層になってしまうことをあげている。また、職業によって階層をより詳しく分類する可能性については、「求めるものが、変貌する文化の主要な機能的特性の理解である以上、細部に拘泥して重大な要点を見失わぬことが大切であり、したがって支配的特性をきわめて明瞭に表わすものである当市のこれらの集団が報告の中心にならねばならない」(p.28) と主張する。

リンドは、この労務階層と業務階層という二つの階層集団への分化が、人々の日常的なさまざまな行動にきわめて大きな影響力を持っていることを見いだし、次のようにいう。「ミドルタウンで特に際立った裂け目をなしているのは、なによりもこの、労務階層と業務階層への分化である。これら二集団によって大まかにつくられている分水界のどちら側に生まれるかというだけのことが、ひとつの文化要因としては最も重要な要因になって人が一日中何をして一生を過ごすかに影響を与える傾向がある。例えば誰と結婚するか、朝は何時に起きるか、ホーリー・ローラーに所属するか長老派教会に所属するか、フォードに乗るかビュイックに乗るか、娘が高校で憧れのすみれクラブに入れるか、妻が裁縫同好クラブに入るか美術愛好者リーグに入ることになるか、夕方にはネクタイをはずしてそこらに腰を下ろしていることになるかどうかとかその他、ミドルタウンの男性、女性、子どもが毎日まいにちを送るあいだに行なう諸々の事柄に違いが生まれるのである」(p.28)。

技術革新や産業化、都市化の過程といったマクロな社会変動が、ミドルタウンの生活や人々の行動や意識、リンドの言葉でいえばミドルタウンの文化に、どのような影響を及ぼしたのか、以下調査の主要な知見を見ていくことにする。

(4)ミドルタウンの生活

リンドは、生活費獲得(仕事)、家庭づくり(家族)、青少年訓育(教育)、レジャー(余暇)、宗教、地域活動の六つの生活領域ごとに、一八九〇年のミドルタウンの生活と調査時点(一九二四年ないし一九二五年）の生活とを比較検討する。その際、すでに述べたようにミドルタウンにおける異なる階層ごとの生活の相違が重要な位置を占める。それゆえ、『ミドルタウン』を正確に理解するうえでは、まず、現在のミドルタウンが、一八九〇年のミドルタウンとどこがどう違っているのかという社会変動の側面を、技術革新、産業化、都市化といった動態的変化の要因と関連づけて検討し、さらにそれが、階層差とどのように関連しているのかという階層分析の側面をあわせて見ていく必要がある。

まず、生活費獲得においては、技術革新をベースとした機械生産の発展が労働内容の激変を生んでいる。生産の機械化、工程の専門化が熟練労働の減少を生み、そのことが若年労働力の需要拡大、他方での高齢者のレイオフ、失業の増加に繋がっている。リンドは、「一九歳の青年は、数週間機械の経験をつめば、四五歳の彼の父親より多くの仕事をする」また、「経済的な耐用年数を過ぎたと思われる人間の整理がだしぬけに、かつ人生の比較的早い時期に起こるようになっている」という。ただし、この傾向は労務階層と業務階層では異なり、労務階層の間では、生活費獲得に果たす若い者と年寄りの相対的位置に交替が起こっているが、業務階層の間では、年齢の上昇が、稼得力や社会的威信の増大や安定を意味することが多いことを付け加えている。また、この二つの階層では、生活時間も大きく異なる。労務階層の人々は、業務階層の人々より労働時間がより長く、夜間勤務を命ぜられることも多い。そのため、労務階層の人々は、家庭生活や地域活動に割く時間がより少なくなっている。リンドは、時間に対する両階層の考え方の違いを象徴する出来事として、サマータイム制の導入をめぐる両階層の対立をとりあげ、労務階層の人々は、涼しい朝の睡眠時間の確保を理由に制度の導入に反対し、一方業務階層の人々は、ゴルフのためにサマータイム導入に賛成し、どちらの階層も相手を理不尽と考えたと記している。

都市化の進展が、地域移動の増加と、居住地と職場の遠隔化を引き起こし、人々の生活圏が拡大するとともに地域社会の弱体化が起こっていることを指摘している。また、社長が市外に居住するケースが増え、管理者と労働者との間の親密な接触が三五年前に比べて減少していることもあげている。産業化の進展は、小売における専門店化、チェーン店化をおしすすめ、信用販売や広告が急速に成長している。生活はすべての面で、これまでになく貨幣に依存するようになった。生活費獲得は、それに内在するはずの満足賦与的役割よりもむしろ生きるための手段としての役割と結びつく。

では「なぜ彼らはかくも懸命に働くのか」、生活費獲得の最後にリンドは問う。とりわけ、仕事から満足感を奪われ、労働組合や労働者の組織化が衰退するなか、希望のない労務階層の人々が、なぜかくも懸命に働くのか。この問いに対するリンドの答えは、労務階層、業務階層の双方とも金であり、将来より多くの金をかせぐための期待である。つまり、人々を懸命に働かせているのは、金であり、金で買うことのできる物ということになる。人々の社会的地位は、どれだけ金を持っているかで決まり、このドルの支配は、労務階層の間に、不確かな将来を、目の前の大金と引き換える傾向をもたらしている。大規模広告や大衆雑誌、映画やラジオが金銭消費機会の選択範囲の拡大をもたらし、新たな器具やサービスの発明が消費への新たな誘因を形成し、金銭の消費を強く迫っている。労務階層、業務階層、双方の人々が、自分たちの稼ぐ金銭を、それより急速に成長する自分たちの主観的欲望に一致させる営みに必死になって奔走している。このような金銭文化の浸透を目のあたりにしてリンドは、「生活費獲得は、十分理解されないままに熱心に追従されている機構であり、ミドルタウンではその他の生活はこの機構に完全に埋没して営まれている」(p.91) と結論づける。

第二部、家庭づくりでは、産業化、都市化の進展によって、人々の家庭生活が自給自足の様式からますます専門処理サービスへ依存するようになっていることを指摘している。とりわけそれは、育児や家事の領域に顕著に見られ、例えば、公共の遊び場の設置が、家の庭の遊び場としての役割を代替していること、幼児の教育を幼稚園という専門サービス機関が担うようになったこと、商業的な洗濯屋が一八九〇年代よりも大きな役割を担うようになるなど、家事労働がますます金銭を払って買うものや専門サービスに置き換わっていることなどに現れている。また、電気や水道などのインフラの整備、自動車や電話、労働節約型電気器具などの技術革新が家庭生活に大きな変化をもたらしている。かつて家庭は、家族がほとんどの時間を過ごす聖の組織であったが、今は、老人と幼児を除いて、物理的なサービスステーションになっているという人の話をリンドは紹介している。とりわけ自動車は、若者の移動性と可能な行動選択の範囲を拡大し、映画の普及とも相まって、以前は暗がりのなかで一緒にすわることを禁じられていた少年、少女の肉体的相互接近に対する伝統的禁制の緩和をもたらしている。このように産業化や都市化は、伝統的な紐帯を弱め、個人主義的な傾向を強め、結婚の世俗化や離婚の増大、親子の世代間の価値観や道徳観の齟齬を生み出している。

しかし一方、住宅購入融資のための信用制度の発達は、持ち家志向を強め、そのことが、住民の定住性を高め、近隣社会の解体の速度を弱めることへの期待が述べられるとともに、労務階層は業務階層より、地域に下ろしている根が浅く、高い移動性を示すことが指摘される。また、自動車が、家族全員が一緒に乗り込むことで、一般的な家族の個人化傾向を阻止する方向に働くことがあることにも言及している。そして、子供のしつけの面では、リンドは、「親の支配力がさまざまに弱められ、それに対して子供の地位が強くなってくると、自然の反動として以前からの行動基準が改めて強く主張される。ミドルタウンには、子弟は目上の者によく従い同時に親は規律と従順さを命ずる権利と義務がある、という伝統的見解がまだゆきわたっている」(p.144) と見ている。

リンドは、ミドルタウンの家庭生活の変化は、自動車や電気機器のような物の利用の面での変化は速く、結婚や親子関係、家族生活の宗教的側面といった社会、文化的な側面での変化はそれよりも遅れて変化していることを見いだしている。ここには、オグバーンの文化遅滞論の影響を明らかに見てとることができる。

第三部、青少年の訓育では、まず、これまでは、家庭や教会がその役割の一端を担っていたが、今では、学校というフォーマルな組織が中心であることが述べられる。義務教育制度の成立や学校制度の近代化に伴って、一八九〇年と比較して、学校で教える教科数は、格段に増えており、学校の果たす役割が、一八九〇年当時は、あくまで家庭教育の補助的なものであったのが、現在では、もっと直接的で重要な責任を負うようになった。教える内容も、実用的な科目、職業訓練科目といった実学を学ばせる方向に変化している。また、歴史や公民といった科目が、よい市民の形成、コミュニティの連帯の保持といった観点から重視される傾向がある。一方、生徒数の増大は、教師の需要増をうみ、教師数を確保するために、体系的な昇進、昇給制度が導入され、教育をただの仕事と考える、教師のサラリーマン化が生じていることをリンドは指摘している。

このような教育の制度化や普及に伴って、ミドルタウンの親たちは、子供の教育の必要性を強く感じている。ただし、その受け止め方は二つの階層によって微妙に異なり、労務階層の親たちは、教育というものを、将来、子供たちが職業に適応するための鍵として、業務階層の親たちは、子供たちが経済的にも社会的にも成功するための鍵として捉える傾向にある。業務階層の親たちが、子供を良い学校に進学させることに関心を示しているのに対して、労務階層の親たちにとって、教育は、宗教的な救済といった意味合いをもっているとリンドはいう。

第四部、余暇の利用では、まず、談話、読書、音楽、美術といった従来からある伝統的な余暇の過ごし方が、一八九〇年代との比較で考察され、次いで、自動車、映画、ラジオといった技術革新が生み出した、新たな余暇の形態が論じられる。そのような余暇の今日的傾向として、リンドは、金銭万能社会が到来するにつれて、余暇時間が金銭を払って消費されるようになっていること。また、余暇は偶発的、例外的なものではなく、日常において、一般的で当然視される時間になっていること。余暇活動の単位が、家族から家族以外の組織に移行しつつあること。近隣や教会は、社交としての機能が低下し、組織化されたクラブ集団がより重要になってきていることなどを挙げている。そして、そのような余暇の組織化は、業務階層のゴルフのように、余暇の過ごし方を画一化したとリンドはいう。さらに、このような余暇の組織化は、以前のインフォーマルなつきあいに完全にとって代わったわけではなく、人々のつきあいは、より浅いものであり、人々は昔みられたような親しい友人関係から孤立しているように見えるという。

二つの階層による相違という点では、業務階層よりも労務階層において、伝統的な余暇の過ごし方が相対的に多く残っていること。また、業務階層と労務階層では、読まれる雑誌に相違が見られることなどが指摘される。さらに、階層差は、余暇の組織化にも現れる。労務階層の男性は、これまでの組合やロッジ、道端の酒場の衰退、および業務階層の市民クラブのような新しい組織がないことで、以前よりも孤立する傾向が強くなったという。リンドは、成長する都市において、社会的、経済的分裂が強まっていることを思えば、今日支配的になっている余暇組織のタイプが、他者をよせつけない障碍として機能することは驚くことではないという。しかし、いずれにせよ、自動車、映画、ラジオといった発明品は、ミドルタウンを一変させ、今日において、ミドルタウンを自足的、自律的なコミュニティとして研究することを不可能にしている。

第五部、宗教的実践では、生活の他の多くの面で、ミドルタウンは大きな変化に巻き込まれているが、宗教的信念ないし信仰という面では、比較的変わらない傾向にあるという。ただし、信仰の程度や宗教的儀礼の具体的実践という点では、多様化が進んでいる。労務階層の人々は、業務階層の人々よりも、信仰に熱心であり、宗教が彼らの支えになっている。確固たる信仰をもてない業務階層の妻のなかには、子供に何を教えていいかわからないといったことや、子供を日曜学校に通わせつつ科学的な本を与えるといった、公の場で信仰を疑うことはしないが、内心で疑念と不安を感じているものが増えている。

一方、教会の活動も、日曜の朝と夜の説教礼拝、日曜学校、週半ばの祈祷会、日曜夜の青少年会といった活動が中心で、基本的に一八九〇年代から変わっていない。ただし、教会メンバーの世俗的な興味を統合することを狙って、新たな教会を基盤とした社交クラブが増えており、この傾向は、労務階層よりも業務階層に見られる。

最後の第六部、地域活動への関与では、まず、自治体として行う業務に属する事柄が、一八九〇年代以降何倍にも膨れ上がってきたことが指摘される。都市化に伴う、専門処理サービスの発展、行政サービスの増大である。その一方で、人々の地域社会の運営に対する関心は低下し、「ミドルタウンの人々は、彼らの子供の教育と宗教的慣行におけると同様に、彼らの統治においても自分たちの権益をますます特定の人に委託する傾向にあり、自分自身はより切迫した、より直接的な問題に忙しく取り組んでいる」(p.226)という。このような公的機関の関与の増大は、保健や福祉の分野でも進んでおり、健康や貧困は、個人的責任と考える開拓者的個人主義との間に齟齬が生じている。また、労務階層と業務階層の間では、慈善に対する対応に違いが見られる。労務階層の生活では、業務階層と比較して、近隣が依然として大きな比重を占めており、不幸なものがいれば、助け合うことが同じ近隣に住むものには当然であるという考え方が根強い。一方、業務階層の間には、共同募金のようなインパーソナルな慈善活動が広がってきている。

ミドルタウンには、職業階層の分化のほかにも、さまざまな小集団への分化が見られ、ミドルタウンの分裂は、以前の世代よりもはっきりしたものになっている。その原因の一つは、都市化がクラブなどさまざまなアソシエーションを生み出していることにある。しかし一方で、ミドルタウンのさまざまな集団を統合する傾向も見られる。商工会議所と高校のバスケットボールを通して、市民的忠誠がよりよく組織化されている。このようなコミュニティへの統合という点では、市民の価値といわれるものの多くが、業務階層の人々の価値であるために、業務階層の人々の間で凝集性と忠誠が速やかに進行している。都市成長の市民的スローガンは、労務階層の人々にとっては、連帯を強めるものにはならず、かえってその凝集性を低めている。

(5)コミュナルな関係の崩壊と未来

以上、ミドルタウン調査の知見を要約したが、果たしてリンドは、そこで何を言いたかったのか。彼の問題意識に立ち返れば、すでに見たように、この報告書の目的は、観察された現象を記録することであり、それによって集団行動研究に問題を提起し、新たな研究の課題を示唆することであった。果たしてその中身はなにか。報告書の結論部分を頼りに、このことを考えてみよう。

結論章の冒頭でリンドは、「研究がたどった経路について見れば結末ですっきりした一般化を引き出すようにはたしかになっていなかった。たしかに一般化からはほど遠く、ミドルタウンの生活を構成する制度的諸習慣は相互に絡み合い、しばしば矛盾し合っていて、迷路のようになっていた。この迷路の入り組んだ状態を解明しようとした試みも、一般的結論はほとんど引き出せないこととなった。わずかに得られたのはこの小規模な現代地域社会が整合性を欠いており、社会科学の直面する任務が広大で複雑であるということに関する結論だけであった」(p.243) という。このように調査結果の一般化は困難であると控えめに総括する一方で、リンドは、いくつかの命題化の試みも行っている。

まず、社会変動に直面するミドルタウンの主要活動六部門は、同じような程度で変化しているわけではなく、生活費獲得の技術的機械的側面がもっとも広範な変動を示し、余暇についても、自動車とか映画のような物質的な発達による側面での変動が顕著であること。そして、全般的に変動を示すことがもっとも少ないのが、形式的宗教活動であり、他の3部門がその中間にくること。このような知見を参照しつつ、リンドは、ミドルタウンは物質的な事柄にたいしては新しい行動様式を急速に学び、これと比較して対人的問題と非物質的制度にかかわる新しい習慣の習得が遅れており、それがミドルタウンの社会問題を生み出している元凶だと指摘する。社会問題の発生を、物質的制度と非物質的制度との間の亀裂に求めるこの主張は、明らかにオグバーンの文化遅滞説に影響されたものだと思われるが、結論章の最後で、リンドは、「制度の強化ではなく制度自体のあり方の再検討をともなうさらに根本に遡った方法こそが問題解決を可能とする」(p.249)と締めくくる。

ここで重要なことは、リンドが、ミドルタウンの問題そのものをどう考えていたかである。若きリンドにとって、ミドルタウンの社会変化の何が問題だったのか。この問いへの回答を一言でいうとすれば、一八九〇年代には、まだあった地域社会の秩序、すなわちさまざまな社会組織におけるコミュナルな関係が、機械時代の到来と工業化の進展によって、崩壊の危機に瀕しているということであった。その意味では、リンドの問題は、社会学の創生期の巨匠たち、E・デュルケームやM・ウェーバー、F・テンニースらと共通するものであった。周知のように、テンニースは、近代社会をコミュニティとソサエティの対比で論じた。テンニースにとって、コミュニティとは、合意や調和、共感を基礎とした強く自然な連帯で特徴づけられる制度であり、ソサエティとは、特定の手段によって得られる合理的な目的を基礎に、人々の社会関係が構成されている制度である。デュルケームは、それを機械的連帯と有機的連帯との対比で捉えた。リンドが、ミドルタウンで観察したものも、この意味でのコミュニティからソサエティへの移行であり、その過程で生じるさまざまな矛盾であった。

リンドの貢献は、それをミドルタウンという具体的な一つの地域社会を取り上げて、実証的、経験的に明らかにしようとしたことである。この点では、リンドは、後にマートンが概念化する「中範囲の理論」の先駆者とも言える。リンドは、生活の諸領域を広範に捉えることで、さまざまな社会制度や集合行動、異なる社会階層や社会集団における変化の諸相を丹念に収集した。そして主に、その変化のネガティブな側面に言及した。工業化によって引き起こされた労働組織の変化は、人間活動のすべての面で強い影響力を持った。機械労働の画一化や非人格化の結果は、労働者の地位を低下させ、階層分化を強め、社会移動の機会を減少させた。家族関係や近隣関係は弱まった。宗教も世俗化して、人々を統合する力は低下した。余暇行動も消費が優先され、人々の個人化が進んだ。大衆化した工業社会は、金銭の重要性が増し、共同の福祉よりも、ビジネスや儲けを優先するエゴイスティックなメンタリティを育成した。このようなリンドの大衆社会批判、工業社会批判、金銭文化批判、消費社会批判といった一連の現代社会批判は、戦後発展する批判社会学の先駆的業績とも言える。

ただしリンドは、未来のあるべき姿を模索し、批判のみに終始したわけではなかった。そしてまた、ノスタルジックに一八九〇年代への回帰という非現実的対応を考えていたわけでもなかった。「ミドルタウンがその制度体系に亀裂のあることをときおりいやでも意識せざるをえないようになったときでも、悪い時勢、若い世代、腐敗政治、住宅、道路交通等々の社会問題にかんして何かをすることを回避し、事態の性格上から、あるいは個々人の身勝手から生じた障害であるとして、この障害に原因を帰着させるのが多くの場合の傾向であった。問題が切迫し、地域社会が救済策を探してそれを実施するほかはないと感じたときでも、その救済策は一般に、古いカテゴリーの方策をその論理のままに延長させて新しい状況にあてはめるとか、伝統的な言語シンボルや他のそれに類するシンボルを改めて強調することによって以前の状況を情緒的に防衛することであったり、あるいは現在の制度的装置をいっそう厳格に施行し、その装置の精密化をはかることであった」(pp.248-249)とリンドは言う。将来的には、そういうことよりも、「制度自体のあり方の再検討をともなうさらに根本に遡った方法」に問題解決の可能性をみるリンドは、その後、社会計画への関心を強めていくことになる。

2　変貌期のミドルタウン

(1)ミドルタウン再訪

第1章ですでに触れたように、リンドは、一九三五年六月初頭に、五人の研究助手とともに、再びミドルタウンを調査のために訪れる。最初のミドルタウン調査から丁度一〇年後のことである。ミドルタウンに再び関心を寄せることになった背景をリンドは『変貌期のミドルタウン』の最初の章で次のように記している。「精密な実験状況の下での研究対象の分析が絶対に不可能であることは、社会科学者には絶対つきまとう嘆きの種となっている。これを抜け出す道は存在しないのであるが、ただそれだけに重要とみられるのはなんらかの実験状況に近い状況が現われたばあいには、それをなしうる限り活用することである。そして、そんな状況にあったのが、一九二四‐二五年にわたる一八ヶ月間の綿密な研究対象となったアメリカの一都市であった。その後の一〇年のあいだに、この都市の存立諸条件は、生活のすべての側面に影響を及ぼす形の予想外な変化を蒙った。その増大する人口は、一九二八年以前には全く味わったことのない繁栄から、これも先例のない不況の底に放り込まれていた。特定の撹乱要因の圧力下にあった当市における生活の分析を可能にするものとして、かくして現われた機会は、その撹乱要因の辿った過程が追跡できるだけに、かなり実験状況に近い状況を提供することになった」(pp.260-261)。ここから明らかなように、最初の『ミドルタウン』が、産業革命が到来し、人口増加が著しいミドルタウンにおいて、工業化と都市化が絡み合って進行する状況のもとで、ミドルタウンの伝統的な文化がいかように変容しているのかを描くことに主題があったのに対して、『変貌期のミドルタウン』では、好景気と大恐慌といった、より短期的な出来事の文化、生活に対する影響が主題となっている。

この調査研究に先立ち、リンドは、次のような一連のリサーチ・クエスチョンを掲げている。「ブームと不況という経験を通じて、この都市は実際にどの程度の変化をとげたのか、当市における文化の基本的枠組は頑強に変化を拒み、なんら損傷を受けなかったのだろうか。前の研究では、相異なる生活領域ごとに、変動の速度にもそれぞれ緩急があることを指摘したが、それはこの深刻な時期においても同じだっただろうか。人々は自助と自立という価値体系を強く信奉しているのだろうが、これは先例のない大幅な公的扶助を目のあたりにした後でも、崩れていないのか。自信に満ちた将来の展望は覆ったのだろうか。人々は急回転して古い信念に立ち戻ろうとしているのだろうか、あるいは新しい思考様式の受容に傾いているのだろうか。年長者と比較したばあい、若い人のあいだではどんな変化が作用しているのか、また、この土地のさまざまな集団ではどんな変化が起こってくるのだろうか。不況は、さらに強い共同連帯感を創り出したのか、それとも新たな分裂を招いたのだろうか。一九二五年に観察された当市の文化に潜在的な葛藤は激化したのだろうか、修正されたのだろうか」(p.261)。

これから分かることは、『ミドルタウン』が事実を発見し記述することに重点を置いていたのに対して、『変貌期のミドルタウン』では、上記の一連の質問に対する、仮説検証的な姿勢が強まっていることである。「研究スタッフは一人ひとりが自分の発見しようとすることについてそれぞれ異なった暫定的仮説を懐いてミドルタウンにやってきた」(p.262) とリンドは言い、その仮説の方向を次のように説明している。仮説の一方は、ミドルタウンが以前とは根本的に異なった都市になったに違いないというものであり、他方は、習慣、とくに物の考え方や感じ方に関する習慣が時代の変化とは無縁な底流になっていると感じることから、ミドルタウンが基本的に何らかの側面で変化を起こしているのだろうかというものであった。また、この中間に位置する可能性として、一九二五年から一九三五年までの一〇年間がミドルタウンの諸要素に与えた影響は均一でなかったという考え方もある。この立場からは、例えば、業務階層と労務階層では、その影響は異なっていたとか、生活のある部門は、すべての人々にとって、根本的な変化をもたらしたが、他の部門はほとんど変化がなかったといったことである。そしてさらにもう一つ、いまのところは変化していないように見えるが、すでに変化の種がまかれていて、遠からぬ将来におけるミドルタウンの大きな変化の兆しになっている可能性である。「この問いの解答が得られれば、われわれのアメリカ文化全体の将来を見通しうる窓の扉を開くことになる」(p.263) とリンドは、ミドルタウン再訪時の興奮を伝えている。

(2) 調査の方法

調査研究の焦点の相違とともに、調査方法に関しても、今回と前回とでは大きな違いがみられる。まず、リンドが、延べ日数でみると、今回はミドルタウン滞在日数が前回の十分の一にも及んでいないというように、現地調査の期間は二週間に過ぎなかった。そのため、「手のこんだ調査技術や測定方法は使えなかったのであるが、あらゆる種類の既存資料を選別し、数十回にわたる形式的非形式的面接を実施してそれを記録に残し、調査助手は市内全域に分散する家庭に住み込んで当市のしきたりになっている数々の社会的行事に参加した。さらに、一九二九年一月から一九三六年一二月にわたる新聞の綴りを順序を追って捜し出し、この間のどの年度についても六ヶ月から一二ヶ月分の新聞を揃えることができた。現地調査終了後も、数多くの付加資料を国と地方の文献や記録から蒐集した」(p.262)とリンドは記す。

また、調査期間が短いことに関してもリンドは、「普通は調査開始にあたり、地方資料や接触相手を捜し廻ることに時間を浪費しなければならないのに対し、二回目の研究ではそれが不要であったので、消費日数のこの相違をある程度相殺することが可能であった。しかもあいだに挿まれた一〇年間に、著者は当市に何度か短期訪問を重ねており、個人的友人や地元新聞を通してこの都市の生活に起こった主要なできごとを知らされてきた」(p.262)とある種の弁明をしている。この主張の正当性の評価はさておき、今回の大部の報告書『変貌期のミドルタウン』は、前回の『ミドルタウン』とは異なり、必ずしも、現地調査によって得られたデータのみに基づいて書かれたわけではない。その意味では、今回の著作は前回の著作に比べて、実証的、経験的側面が前面から退いている。

(3) 報告書の構成

報告書の構成という点でも今回と前回の著作の間には違いが見られる。まず全体として、本文の総ページ数は、『ミドルタウン』が五〇三ページ、『変貌期のミドルタウン』が五一〇ページで、ほぼ同じであるが、『ミドルタウン』が六つの生活領域ごとに六部二九章で成り立っていたのに対し、『変貌期のミドルタウン』は、そのような部の構成はとらず、章のみ一三章で構成されている。そして、今回の著作でも、生活費獲得、家庭づくり、青少年訓育、レジャー、宗教、地域活動の六つの生活領域という分析枠組それ自体は、踏襲されているが、そこに割くページ数という観点からは、かなり大きな変化が見られる。例えば、宗教の項目は、『ミドルタウン』では、四章構成で、九五ページ、全体の約二〇％を占めていたのが、今回は、一章で二四ページ、全体の五％にも満たない。一方、大きく増加したのが、「統治の機構」の章であり、『ミドルタウン』では、二三ページであったものが、今回は、二倍以上の五五ページがそれに割かれている。また、前回の著作では、六部地域活動のなかの第二六章で一四ページしか割かれていなかった「自立不能な人々の保護」が、今回の著作では、四三ページが割かれるとともに、不況下における弱者の生活支援のあり方は、公的扶助をめぐり、一九三〇年代のミドルタウンの重要な側面を物語っているとして、第四章に位置づけられている。このように、地域活動の行政的対応ないし政治的側面が重要視される一方、『ミドルタウン』では第二八章にあった、集団の連帯に影響を与える要因を論ずる章が、『変貌期のミドルタウン』には見当たらない。

このような六つの生活領域における重点の移動にも増して重要な構成上の変化は、前回の『ミドルタウン』には無かった二つの章が新たに設けられていることである。それは、第二章の「X家の一族――業務階層による支配の様式」と第一二章の「ミドルタウンの精神」である。この二つの章に関しては、後に詳しく取り上げるが、第二章の「X家の一族」は、マンシーの資産家一族であるボール家の権力の実情を記述したものであり、第一二章の「ミドルタウンの精神」は、その分量は八五ページにものぼり、この本の中心的な章とも言え、ミドルタウンという小都市の人々が重視している社会的価値への手厳しい批判となっている。この二つの章ともに、前者は、なぜ、リンドは最初の『ミドルタウン』でこの一族の問題を取り上げなかったのか、後者は、なぜ、『ミドルタウン』では、好意的に捉えていたミドルタウンの人々の価値を、リンドはこれほどまでに批判するに至ったのか、という点で、それぞれ論争の多い章になっている。

(4) 社会階層の分析

業務階層と労務階層という二つの社会階層の分析が、前著『ミドルタウン』の一つの重要な分析枠組を構成していたことはすでに述べた。この姿勢は、『変貌期のミドルタウン』でも基本的に継続されるが、社会階層の捉え方は、前著の業務階層と労務階層の二分割から、業務階層、労務階層がそれぞれ三つに区分され、合わせて六つの社会層から構成されるものへと精緻化される。この階層構造の最高位は、リンドがアッパークラスあるいは、ビジネス・コントロール・グループと呼ぶ、裕福な地元の製造業主や銀行家、全国的な大企業の地元社長、それらに従属する著名な弁護士などの裕福な専門職層といった少数の人々である。その下に、その数はそれほど多くないが、中規模の製造業主や商店主、専門職層、および大企業の高給サラリーマンの層がある。この後者はいわゆる新中間層と呼ばれる人々である。次に、雇われ専門職、零細な小売店主や事業家、事務員、店員、公務員といった人々からなる層がある。以上三つの層が、ミドルタウンの業務階層に位置づけられる。その下に、リンドによれば、地元労働者の最上層と呼ばれる、信頼できる職長や経験豊かな職人、熟練工などの層がある。次の五番目には、労務階層の大多数を占める、半熟練労働者あるいは未熟練労働者層がある。そして最下層に、いわゆるプアーホワイトと呼ばれるような雇用が不安定な未熟練労働者の層がある。この三つがミドルタウンの労務階層を構成することになる。

このような階層構造の精緻化の背景には、まず、後に詳述するX家に象徴されるような自意識をもったアッパークラスの出現がある。最初の調査が行われた一九二五年当時も、X家を含めて富裕な一族の存在は認められたのだが、リンドは、「これらの家族もそれだけが他とかけ離れた集団を形成するわけではなく、大勢の業務階層の人々に溶け込んだ生活を営んでいる」(p.337) と認識していた。しかしそれが、「ミドルタウンの業務階層のあいだでのX家の権力と声望は不況とともに決定的に増大した」というのがリンドの判断である。次いで、そのような上流階層の出現にともなって、他の多くの下層業務階層の家族が、明らかにミドルタウンの上流ではない中流階層として区別されるようになった。彼らは、都市が大きくなるにつれて、自分が少数の上流階層には属していないと認識し、商工会議所のような実質的なビジネスマンの中心的な団体との関連では周辺に位置し、大恐慌の影響を受けて、ますます権力から遠い存在になっていった。

また、深刻な不況は、ゼネラルモーターズに代表されるような全国規模の大企業の工場がミドルタウンに立地することを促進した。その大きな理由は、ミドルタウンが労働組合員であるか否かが雇用の条件にならない、いわゆるオープン・ショップ制の町であったからである。このことは、業務階層に、上層としての大企業の地元社長や高度な専門職層、新中間層としての大企業に雇用されるサラリーマンといった新たな社会層を付け加えた。これら業務階層に属する三つのグループのうち、上の二つの層は、心情的にも一体化しているが、この二つの業務階層の上層と業務階層の下層との間には、そのような一体感はなく、下層業務階層の人々が、上層の業務階層の人々が多く住む地域に住みたがったり、業務階層の教会に通ったりというような、上の階層に帰属しようとする努力によってつながっている弱い絆があるのみであるとリンドは言う。

では、このような階層構造の変化のなかで、業務階層と労務階層の格差は拡大したのでろうか、また、もしそうであれば、それにともなって、労務階層の階層意識は強まったのであろうか。リンドは、一九二〇年代との比較で、現在のミドルタウンは、その社会移動に基本的な変化が起きていると指摘する。「眼前に展開しているのは、人々がそれを攀じ登って〈出世街道を進み〉〈先に進み〉〈自分を引き上げ〉て〈辿り着く〉はずであった、アメリカの誇る上昇機会の梯子に起こっている基本的転換である」。そして、「ミドルタウンの産業の中でしだいに姿を現わしているのは、一本の真直ぐな梯子ではなく二本の梯子である。一本はしだいに短く登りづらくなっており、特にどこかに届くということのない梯子である。もう一本は長くて登り甲斐のある梯子であるが、ただしそれは工場の現場の遥か上の方から始まっている。ミドルタウンの産業界は二つの階層から成っており、一方は工場の現業部門で大勢でひしめき合い、相互の分化もほとんど起こっていない〈働き手〉の層である。他方の異なった階層は、労務階層には大部分手の届かないところにある自分たちだけの世界で全員が〈上昇〉を試みている人々（業務担当者と技術者）の層であるが、現在両者のこの違いはかつてなかったほどに明確になっており、しかもこの状況は不況によっていっそう深刻になっている」（p.327）と言い、とりわけ労務階層にとって、その上昇機会が喪失してきていることを指摘している。いわゆる、ブロックされた社会移動（blocked mobility）の主張である。

では、このような業務階層と労務階層の格差の拡大を前にして、不況下のミドルタウンで、労務階層の階層意識は強まったのであろうか。この点に関するリンドの答えは否定的である。「近年におけるミドルタウンの労務階層は、その非常に多くが農村出身者かその二世によって補充されており、当地で普及している能力万能の哲学はこれらの人々も信奉する哲学であった。業務階層が設定したこのような世論に結びつくオープン・ショップ制の都市で働き、月賦販売方式で彼らにあまねく提供される高い生活水準に魅惑されているところから、労務階層の人達は自分たちと当市の他の人々とのあいだに進んで一線を画そうとは考えていない。ミドルタウンが彼らに素晴らしい上昇のシンボル、すなわち乗用車を与える限り、ミドルタウンが望む通りのことを彼らも望む。彼らには車の所有が、〈アメリカの夢〉の大きな分け前にあずかっていることを表わしている」（pp.282-283）。また、「ミドルタウンの業務階層が望むことは、自由に自分のビジネスを経営することであり、一方の労務階層の望むことは、家賃を払い、車をもち、映画に行けるような仕事」（原書 p.449）であって、多くのミドルタウンの人々にとって、階層の違いや階層意識は鮮明ではなく、あえて積極的に考えたくない事柄になっている。

そのような意識を下支えしているのが、ミドルタウンの文化それ自体であるというのがリンドの主張である。それは、「個人的搾取能力によって前進する文化である。金銭的利益の争奪のために私的格闘が行われる時に現われる諸事象が最善の秩序を表わすと信じ、社会全体としてはこの有益な私的争奪戦に干渉しないため、計画や働きかけはできる限り差し控えるべきであると信じている文化である。また購入対象となる新しい物品―自動車、家庭電化製品、ラジオ、自動冷蔵庫、およびほとんど自動化した生活諸用品―の洪水に麻痺した文化であり、さらに私的企業が言葉巧みに持ちかけて、より多くのより新しい所有物と社会的に誇示できる財貨と慰安に金を使い、それをもって生身の人間に運命づけられたすべての悩み―孤独、不安感、希望の挫折、欲求不満―の治療法とするよう、寝入っている時間を除いて人々を毎分毎分誘惑している文化である」（pp.303-304）。そしてそのような文化が、新聞や学校、教会などを通して労務階層の人々に教え込まれているとみなす。

このような階層意識の欠如を反映して、一八九〇年代には合衆国内で労働者の組織化が最も優れた都市の一つといわれたミドルタウンであったが、全国復興局による行政下での地元労働者組織化の努力にもかかわらず、「一九二五年には当初の組織機構が大部分崩壊したままですでに長い年月を経ており、その年に観察された労働組織の昏迷はその後も相変わらず続いていっただけでなく、不況の初期にはいっそうの沈滞に陥った。不況突入期のミドルタウンではオープン・ショップ制がとられていた」(p.282) というように、地域における労働者の組織化は進まなかった。リンドは、「労務階層による戦闘的組織の結成は、それが現在のミドルタウンの住民とは基本的に相容れないものだけに、地元の自発性を通しては起きてこないことも推測できる。もしそれが当市の住民に起こるとすれば、それは、他のより大きな産業中心地から波及した運動の遅れ咲きとしてであろう」(pp.301-302) と総括している。

(5) 六つの生活領域

『ミドルタウン』の基本的な分析枠組を構成した、生活費獲得、家庭づくり、青少年の訓育、余暇、宗教、地域活動という六つの生活領域は、すでに述べたようにその重点の変化はあるものの、『変貌期のミドルタウン』でも基本的には踏襲される。ただし、記述の主題は、工業化や都市化の影響といった一般的な要因よりも、大恐慌の影響が中心となる。生活費獲得の領域は、リンドが主として職業の及ぼす影響力に着目するところから、その多くを前項の社会階層の分析で取り上げた。それゆえ、ここでは、それ以外の五つの領域に焦点を当てる。

まず、家庭づくりでは、不況が婚姻率の低下をもたらしたが、それにもかかわらず、ミドルタウンの支配的な文化は、結婚生活が中心となっている。リンドは、それを〈ミドルタウンは結婚の町〉と表現し、結婚していない研究スタッフのメンバーは、この町の夫婦単位の活動志向にプレッシャーを感じていたと述べている。不況の間は、離婚率および出生率も減少した。ただし、ミドルタウンの人々の多くは、恐慌は一時的なものであり、長くは続かないと感じている。それを象徴する話としてリンドは、「私の知っている家族のほとんどが、今日も、恐慌まえに追い求めていたものを同じように求めており、それをクレジットというまえと同じ方法で手に入れようとしている」（原書p.203）という一人の女性の言葉を紹介している。

青少年の訓育では、子供の教育の重要性と、それに伴う大学進学率の上昇をあげている。この一〇年間での地元の大学の成長により、ミドルタウンは〈大学の町〉になり、深刻な不況は、地元での進学者数を増加させたという。一九三〇年に、学校は、個々人の違いを重視し、個々人のニーズを尊重していくという新しい教育方針を採用するが、この新しい教育方針は、人口も少なく、単一の価値観や文化、道徳をもつミドルタウンに新たな葛藤を引き起こすことになった。ミドルタウンの支配的な考え方は、教育の目的を、伝統的な考え方や行動を永久に伝え、連帯を促進する場と考えている。また、不況のなかで、効率性を重視する経営者側と教育の質的向上という教育者側の目標との間に葛藤が生じている。

余暇の項目では、リンドは、業務階層と労務階層にとっての余暇における機能的意味の違いから論ずる。業務階層の男性にとって、余暇はあくまで仕事の副次的なものであり、金銭を稼ぐことにステータスを見出す。また、業務階層の妻たちは、主婦という仕事にステータスを見出せなくなっており、彼女らは余暇に身を投じ、文化の中における余暇のイノベーターになっている。一方、労務階層の人々は、子供を大学に入れるために働くということが、恐慌以降、その代償に比して見返りが少なくなってしまったために、余暇が、もっと単純で、直接的で、重要な意味をもつことになった。自動車一つをとっても、業務階層にとっては、便利で快適な道具に過ぎないが、労務階層にとってはもっと意味深く、生きていること、幸せであること、そして仕事を続ける理由を象徴するものである。働くことが中心の文化のなかで、不況は、実りある新しい生活の仕方を発展させるように影響することはなく、単に支配的な労働パターンの悲しむべき中断として作用した。働くことは、金銭で、その金銭で余暇を買う。一方、働かないことは、金銭を得る機会の喪失で、余暇を買うことができない。このように、金銭文化は、余暇までもカネの文化に変えてしまった。

宗教的信念と活動は、前著『ミドルタウン』では、人々の生活のなかで、最も変化の遅いものとして記述されていたが、今回調査の最も大きな問題は、一九三五年という新たな緊張が生じた状況において、組織化された宗教の重要性は果たして増したのだろうか否かという点にある。ある牧師の話によれば、不況の間に若干宗教への回帰がみられたが、それはごく僅かなものであった。伝統的に宗教は、精神的な支えと物質的な支えを人々に与えてきたが、物質的な援助については、次第に世俗的な慈善活動が宗教に取って代わり、宗教は今では精神的な助けだけになっている。「以前は、人々は慰安と情報と示唆を求めて説教に行った。彼らはいまも慰安を求めて我々のもとに来るが、情報と示唆については新聞へ向かう」という牧師の言葉に象徴されるように、現在では、宗教は、精神的な安定を与える役割はもっているが、価値を決めてゆくということでは、主導権を他の機関に譲り渡している。

最後に、前著の第六部、地域活動への関与に相当する章のうち、今回の著作では、「統治の機構」と「自立不能な人々の保護」という二つの章に重点が置かれている。まず、統治の機構では、リンドは、現在におけるミドルタウンの政治の世界は悪循環に陥っていると手厳しく批判する。行政職員に対しては、ビジネスの腰巾着と評し、その働く様をみれば、こんなことに税金を払っているのではないと糾弾する。また、市民の側も、フラストレーションとないまぜになった無気力さが蔓延しており、市民は、楽しい生活を送ることだけを考え、突発的なことが無い限り、自ら市民意識について考えるようなことはないと手厳しい。ミドルタウンは、行政における慢性的な不正行為やその非効率さに免疫ができており、よほどのことが無い限り、市民に何かしなければと考えさせることが困難な状況にあるとリンドは言う。一九二五年には、まだ見ることのできた民主主義とか、人民の意志とか、公共的奉仕といった事柄はいったいどこへ行ってしまったのかとリンドは嘆く。

自立不能な人々の保護では、貧困者救済予算をどう税金から拠出するかは現在、市の主要な問題になっており、不況下における弱者の生活支援のあり方は、一九三〇年代のミドルタウンの重要な側面に関わる問題だとリンドはいう。この問題に関してミドルタウンは、同時に二つの世界を経験している。一つは、公的基金による救済金給付に寛容な世界であり、もう一つは、公的支援に懐疑的で、個人の自助努力を重視し、慈善行為に頼る世界である。そして、現在のミドルタウンは、後者の慈善に頼る古い世界から、前者の地域社会が責任をもつ世界へと揺れ動いているが、不況をへて、業務階層の人々は、生活保護の受給者へ不安と苛立ちを募らせているとリンドは総括する。

(6)X家の分析

すでに述べたように、今回の著作では、生活費獲得の章(第二章)のあとに、『ミドルタウン』には見られなかったX家一族の分析が行われる。地域社会の権力構造を描くこの章は、『変貌期のミドルタウン』という本のなかにあって、独立論文的性格の強い章となっている。リンドによれば、『ミドルタウン』が刊行されて以来、地元の一部の人から、当市の生活にX家一族の果たしている役割が十分扱われていないという批判があったという。前著の『ミドルタウン』では、一部資産家の上流階層を、業務階層と区別せず、ひとまとめに扱ったわけだが、それが適切であったか否かはともかく、「一九三五年には地元の人に指摘されることがまったくないとしても他の総てに君臨する一族の位置に注意を喚起されるようになるのは確かである」(p.337)と今回の調査時における、X家一族の増大する権力と影響力の浸透に驚愕している。

このX家一族とは、一八八七年、天然ガス・ブームとともに、ニューヨーク州バッファローからマンシーに移り住んだボール家五兄弟のことを指す。この兄弟は、オハイオ州の農場で生まれたが、南北戦争のあいだに、バッファローに移住していた。五人は、学校教育を終えた後、この世で身を立てるために、それぞれ、一人は農場労働者兼木材伐りだし人に、別の一人は医者に、残り三人は、釣り道具を製造する工場経営者になった。一八八七年に、ミドルタウンで操業を開始したボール兄弟のガラス製造工場は、二〇世紀初頭には、貯蔵ビンの製造に関して世界最大となっていた。また、この鋭敏な事業家兄弟は、自動車部品の工場、肉詰めプラント、銀行、空港、デパート、新聞社など重要な事業へ手広く投資した。そして、大恐慌のあいだに、ボール兄弟は、ミドルタウンを通る鉄道の所有権を含む金融支配権を手に入れ、新たな高級住宅地の開発、地元の教師養成大学の設立や病院の建設に多大な貢献を示した。また、市の慈善組織の多くが、ボール家の金銭的支援を受けていた。

以下の一市民のたとえ話は、このようなX家の生活諸領域における支配の浸透を物語るものになっている。「もし私が仕事にあぶれればX工場へ行きます。もし金が必要になったらX銀行へ行きます。そこで気に入られなかったら金が手に入りません。私の子どもたちはX大学に通っています。私が病気になればX病院へ出かけます。敷地か住宅はX団地で購入します。家内はXデパートで衣類の買い物をするために商店街へ出かけます。私の犬がいなくなった時はXの野犬留置場に繋がれています。牛乳はX牛乳を買っています。ビールはXビールを飲み、選挙ではXの政党に投票し、困った時はX福祉財団の援助を受けます。息子はXのYMCAに行き、娘はXのYWCAに行っています。神の言葉はXの寄付金に頼っている教会で聴いています。もし私がフリーメイスンの会員ならXのフリーメイスン聖堂に行きます。ニュースはX朝刊紙で読んでいます。もし私が相当な金持ちならX空港から旅に立ちます」(p.337)。

では、このようなX家の支配に対して、ミドルタウンの住民はどのように感じていたのであろうか。この点に関して、リンドは、人々の階層の違いによって、その感じ方が全く異なることを指摘している。「ミドルタウンの労務階層は一家とその権力に怒りを感じる傾向にあり、他方、業務階層は一家の人達に好意を抱き彼らと友好関係を持ちたいと切に望んでいる」(p.356)。労務階層の人々の態度は、特定の個人に対する感情というよりは、構造的な不平等に基づく感情であり、X家の富と権力に対する反発となっている。また、自分たちは操縦されているという疎外感からの反発になっている。「ここの労務階層の人々はかなり共通にX家を嫌っています。彼らはX家が僅かな賃銀しか払わず、それでいてミドルタウンにいろいろな物を寄付していると感じています。私にはこのことが当然分かります。私自身も彼らと一緒に暮し、仕事としてはX家のために働いているのですから」という一住民の発言に、X家に対する潜在的嫌悪感を読みとることができる。

他方、業務階層の人々は、労務階層の人々とは反対の態度を示す。それというのも業務階層の人々は「自分たちにサラリーを稼得し、配当を受け取り、ビュイックの新車を購入し、子どもを大学に通わせることを可能にさせている体制がX家のような人たちによる企業家で支えられているのを彼らが知っているからである」(p.357-358)。X家はミドルタウンの業務階層には、安定を保証するシンボルになっている。ただし、リンドは、「一九三五年のミドルタウンを一九二五年のミドルタウンと比較すると、同じ業務階層の内でもその上位部分と下位部分の格差がさらに拡大したという印象を受ける」(p.360)という。特定の高級分譲地に住み、自己顕示的な余暇利用のパターンに象徴される、緊密で排他的な、上流階級としての自己意識が強い一群の人々が形成されており、彼らと他の業務階層の人たちとの隔たりが大きくなったと見ている。

続いてリンドは、X家の支配が、とりわけ不況期にその勢力範囲を広げたことが、地域のリーダーシップにどのような意味を持ったのかを検討する。この点に関して、リンドは、「X家によるミドルタウンの支配はその大部分が意図的ではなく、もしろ無意識的なものである」(p.361)という。X家の支配とは、人々が重要なことを決定するさいに、X家の方針に合わない限り彼らにその決定を躊躇させるといった種類の支配だとみる。そこでは、権力の庇護の下に入ることが習慣となり、そのことが自発性の閉塞を招いていると指摘する。そして、「ミドルタウンのリーダーシップおよびそれと関連した支配が、今日では極めて集権的形態になっている」(p.364)といい、その「支配体系は多くの点で業務階層の福祉を公共の福祉と同一視させるような作用を果たしている」(p.365)と総括する。「彼らを然るべく扱っておけ。そうすれば、われわれには善良な人間になる」というある新聞の社説が紹介する文章に、X家の慈恵的支配の様相がよくいい表わされている。

最後に、リンドが、地域社会の権力構造の新しい調査分析方法として、ネットワーク分析の必要性に触れていることに着目しておきたい。「本章で取り上げた種類の支配体系は、そのなかにある人々がそれぞれ個人として、さらに制度を通じて支配と特定の関係を保っていることに照らし、そのような関係の内に個個人が布置されている状況を詳細で体系的な図表として示す方法でより精密に検討することが絶対に必要である。その方法が取れるなら、一つの都市は、一人ひとりが個人として、組織の一員としてあるパターンの関係網を持っている人々の集まりとして捉えられることになる」(p.368)。

(7)ミドルタウン精神

X家一族の分析と並んで、『変貌期のミドルタウン』を特徴づけるのが、この「ミドルタウン精神」の章である。総数八〇ページを越えるこの大部の章で、リンドは、平均的なミドルタウンの人々が何を考えているのか、彼らの理想とする生活とはどのようなものか、といった多くのミドルタウンの人々に当然のこととして受け入れられている生活のパターンやパーソナリティのパターンを解明しようとする。そして、それをある種ミドルタウンの文化を表象するものとして〈ミドルタウン精神〉と名づける。その結論は、こじつけや単純すぎるという印象は拭えないものの、文化といった客観的な把握のきわめて困難な事柄に、参与観察の結果や新聞記事によって得られたデータを駆使しながら、独自の解釈や理論化を試みようとするリンドの意図と苦闘が窺える。

では、ミドルタウンの人々に、どのような価値が受け入れられ、どのような価値が拒絶されているのか。リンドの長い記述がつづく。ミドルタウンの人々は、正直、親切、親しみやすさ、忠誠などの性質を大切にする。進歩の法則を信じる。ただし、その進歩は、質ではなく量の変化、ゆっくりとした変化であり、急進的・共産主義的でなく中道を歩む変化である。個人は、正直、勤勉で自立すべきであると信じる。社会の幸福は、進歩の法則と個人の勤勉の法則がうまく働いたときに達成される。郷土、アメリカが一番であり、異なる国や人種は劣っている。自由競争は繁栄をもたらし、勤勉は報われる。家族は神聖で基本的な社会制度である。学校は、基本的、実践的なことや応用を教えるべきである。余暇より仕事優先である。アメリカの民主主義は理想的で最終的な形態である。アメリカは自由とチャンスの国であり、反社会主義、反共産主義、反ファシズムを支持する。人間は弱い生き物だから個人的な助けは必要だが、施しすぎは良くない。キリスト教、とりわけプロテスタントは最高の宗教である。

一方、人々が反対する諸価値は、上記の価値の反対項すべてになるが、たとえば以下のようなものが含まれる。悲観主義者や協力を拒否する付き合いの悪い者、親しみやすくないなど逸脱した性格の者、芸術や文学、思考における陳腐な革新的考え、政府・宗教・家族・教育など諸制度の改革、中央集権、外国人・他人種などは好まない。社会類型で言えば、急進的な者、風変わりな者は拒否される。遵奉者でないとみなされる誰でもが非難を受ける。好ましくないとみなされたタイプの人々は、秩序を乱す危険人物として、遅かれ早かれミドルタウンから排除される。ミドルタウンの人々は、新しもの好き、冒険好きというよりも慣例的なものを好み、安全を好む。

つまるところ、ミドルタウンにおける理想的な人物像は、それがビジネスマンであれば、稳健で中道派であり、成功への強い意志があること。そして、彼の生活の質は、目に見える成功、達成、それを誇示するもの、財をうみだす力によって測られ、勤勉、常識、計画性が備わっていなければ、その成功は信頼に足るものにならない。結婚して子どもがいなければならず、教会や市民クラブの会員で、市民活動に積極的に関与していなければならない。実践的で肯定的、温和で友好的、市への忠誠心をもった、楽観主義者ということになる。一方、それが女性であれば、その理想像はまた異なり、妻および母としての成功は、彼女の夫や子どもの観点から測られる。物静かで、社会的に攻撃的ではなく、自分の家族を第一に思うこと。ただし、クラブや教会、社交や慈善活動に無関心ではなく、他者に対して優しく友好的であること。さらに、男性に先んず、知的すぎてはならず、機知に富みすぎてはならず、自律しすぎてもいけない。キャリアを求めてはならず、男性と競争するのではなく、男性を支えなければいけない。ミドルタウンにおいては、このような理想的人物像からの逸脱は、それが目立たず、消極的な場合、あるいは逸脱者の数がごく少ない場合にのみ許容されているとリンドはいう。

ついでリンドは、大恐慌がミドルタウンの文化あるいは人々の価値観に与えた影響について論じる。リンドは、大恐慌期間の不安定さの増大によって、人々に同調の価値が一層強調され、ミドルタウンにとっての潜在的問題が先鋭化したという。それは、ビジネスの世界での力・支配・攻撃的な価値と家族生活や集団生活における感情・愛情・人間的な価値との間の対立の激化である。その結果、今はビジネス世界の価値の方が支配的になりつつある。また、大恐慌によって、人々がより助け合うようになった一方で、不安のために寛容な空気が消えた。逸脱者に対する非寛容が強まった。他国や他市に対して、あるいは当市の人間関係において内に閉じこもるようになった。ナショナリズム、アメリカ至上主義が高揚し、反共産主義、反急進主義が強まった。

一九二五年から一九三五年の一〇年間に、さまざまな変化が起こったが、概して対立する価値の数が増えた。これまでのミドルタウンには、象徴と信念、夢と現実が歩調を合わせて変化する時期もあった。好況時には、進歩は明白であり、ほとんどすべての人々にその恩恵が届いた。一方、大恐慌時には、信念の象徴的世界と日常活動の実利的な世界との間の距離が拡大した。それがあまりにもかけ離れていたので、ミドルタウンの人々は、その乖離に目をつぶり、ないしはせいぜいそれを単に一時的な出来事とみなして、これまでどおり行動するか、あるいは、空虚な象徴の世界を、より地味で希望のない表現で言い換えて、日常世界の現実に近づけるか、さらには、その乖離の異常さゆえに、緊張の高まった生活を正常なものとして受け入れるかのいずれかであった。

ミドルタウンを被っていた進歩や自立という象徴はすでに崩壊していた。もはやすべての人々が希望をもてるようなことはなかった。あるのは、権力エリートの意志や行動によって形づくられた現実のみであった。夢ははかないものとなり、手の届く範囲の消費財に置き換わってしまった。将来に希望のもてない若者のなかに無気力が広がっている。

(8)ミドルタウンへの墓標

ミドルタウンは、大恐慌という危機とそれからの幾分の復興から何かを学んだのであろうか。この問いへのリンドの回答は、ミドルタウンの文化構造はこの一〇年間、基本的に変化していないというものである。「調査スタッフは、ミドルタウンの人々の思考様式や感情、さまざまな日常生活の営みにおいて、著しい相違を見いだすことを期待していたが、そのような仮説を支持する事柄をほとんど見いだすことはできなかった。ミドルタウンは、圧倒的に一九二五年と同様な価値体系を生きていた」(p.489)。ミドルタウンの人々は、大恐慌があまりにも大きく手に余る問題であるために、それを考えないように、あるいは無視するようにしている。そして、新しい考え方や冒険よりも自分の身の安全にしがみついているとリンドはいう。

しかし、日常生活の諸領域で顕著に現われる象徴と現実とのギャップがますます拡大するにつれて、この問題を避けて通ることはできなくなっている。もはやミドルタウンは、これまでの楽観主義という古い思考様式では、現在の問題から逃れることはできない。そのような古い公式は、人々を受動的、消極的にしてしまい、社会分析や社会の再構築への積極的な取組を阻んでしまう。一九三六年という今でも、ミドルタウンの人々は、貧困や不況は、単なる例外的なことであり、上手くいかないのは、文化や組織の問題というよりも、個人の欠陥の問題であると考えている。システムは基本的に正しく、個人が間違っている。対策は、制度それ自身の変革にあるのではなく、個人の態度を変えねばならない。

ミドルタウンの業務階層の人たちには、階層の差異という考え方がない。それというのも、制度体系のなかに階層に対する重要な基盤を認めないからである。向上することは、個人的な問題なのである。体制は、つねに固定されている。一方、労務階層の人たちの間に、大恐慌期間中に連帯感が芽生えたという証拠もない。労働者の連帯が強まらない限り、ミドルタウンの労務階層の人たちは、業務階層のエリートたちの旗振りに、追従していく他に道はない。

ミドルタウンの業務階層の人たちは、これまで官僚主義や中央集権を嫌ってきたが、自由放任主義という名のもとのこのような抵抗は、アメリカ主義や繁栄という大義名分のもとで、業務階層による業務階層のためをうたって注意深く計画された権力の占有を前に、衰退していくだろう。ただいずれにせよ、ミドルタウンは、自分たちで変化を生み出していくことはなく、外部からの避けがたい圧力がなければ、未来への消極的な適応とご都合主義の道をとり続けていくことになるだろう。リンドは、一九二五年のミドルタウンに、アメリカにおける民主主義理念の最後の足場を期待していた。しかし、三〇年代のミドルタウンにもはやそれを期待することはできなかった。この点では「一九三〇年代に、リンドが、マンシーは、金銭価値の植民地化に、ほんとうに屈服してしまった。大衆民主主義は死んだと結論づけたとき、彼は、婉曲に〈変貌するミドルタウン〉と題して、マンシーにも、彼自身の著書〈ミドルタウン〉にも、痛烈な墓碑銘をささげたのだ。それは、〈埋葬されたミドルタウン〉と題してもよかったのだ」（フォックス「ミドルタウンへの墓碑銘」、p.111）というR・フォックスの指摘が的を射ている。

3　何のための知識か？

(1)アメリカ文化批判

『ミドルタウン』、『変貌期のミドルタウン』についで、リンドの単行本としては、最後の著作となる『何のための知識か』が一九三九年にプリンストン大学から出版される。この本は、リンド自身が序文に記すように、一九三八年の春にリンドがプリンストン大学で行った、「アメリカ文化と社会科学」と題する小講義（口述）がもとになっている。リンドによれば、この本の目的は二つあり、「一つはアメリカ文化の今日の特徴を、とりわけその重圧（strain）と分岐（disjunction）の要素に注目しながら評価すること、他の一つは社会科学の調査研究における現在の焦点と方法を批判すること」（p.5）である。このアメリカ文化とアメリカの社会科学、双方に批判的態度をとらねばならない理由として、リンドは、「わがアメリカ文化は科学の動員できる全知性を必要とする緊急の問題を提起している、と筆者が痛感しているからであり、かつ社会的な調査研究はこの要請に答えていないと、筆者には思えるからである」（p.6）と述べている。ここではまず、リンドがアメリカ文化の何を問題としていたのかを検討し、次項で、リンドの社会科学批判の内容を見ることにする。

リンドは、アメリカ文化のパターンの特徴を広範に検討したうえで、それらを要約して次のようにいう。「こうしたことが、したがって、わがアメリカ文化のパターンなのである。つまり機会と挫折との、力と紛れもなき弱さに対する軽率な無視とのパターンであり、個人のリズムと発達との満足によって定義された生きがいという人間の命にかかわる視点からみて、手段と目的との間のかなりの程度の力点の転倒を表わすパターンであり、途方もなく大きくかつ小さくて、構造上の欠陥をもつアリの大群のような密集のなかで、孤軍奮闘する競争的な個人のパターンであり、収入の道を求めて農場から都市へと渡り歩く根なしの人びとのパターンである。こうした人たちは、人気の高い若さというものをもっているが、開花することは許されず、性的分業は対立状況にあり、そして彼らの大部分にとっては決して生じない未来を信じこみ、そして道路標識のない分岐点であることがくりかえし判明する〈道〉を探し求め、そして時代遅れのドグマである〈合理的な人間の選択〉と、約束の地へ彼らを運ぶ〈いかなるものも正しくかつ真である〉という自動性とに依存するのである。それはだいたい、パターンを欠落したパターンであり、無秩序と、フロンティアの新興小都市を特徴づける、行動が感情にとって代るという事態とによって示されたパターンである。個人にとっては、それは極度の複雑さ、矛盾、および不安定性のパターンである」(p.119)。

ここでリンドが、とりわけ重視しているのが、金銭的な利益を得る欲望と安定を得る欲求という二つの主要な文化目標の間の矛盾ないし対立であり、それが個人と社会に主要な不安定性をうみだしているということである。そしてリンドは、その対立を無視していることこそがアメリカ文化の最大の問題であると見なしている。アメリカの文化は、業績による地位を重視し、結果をほぼ全面的に個人の努力に委ねている。このことが、個人に対して「自分が努力してかち得たものとは無関係に、彼は彼という人としてその周囲の人びとから愛情をもって、また安心して受け入れられたいという深い願いと、彼は胸を張り、あごをいからし、そしてその周囲の人びとに対して、彼が欲しているものを彼に明け渡すように強制すべしという文化的要請との間のアンビヴァレンス」(p.87)を余儀なくしている。貨幣によって測定される成功の達成に専念することが、このアンビヴァレンスから抜け出す最も明確にパターン化された方法であるが、それによって一人の人間としてのその人の重要性を弱めることになる。

　こうした文化目標間の対立は、パーソナリティの病理（ノイローゼ）に関心をもつ、心理学者からも指摘されているとリンドはいう。第一は、一方における競争および成功と、他方における兄弟愛および謙虚さとの矛盾である。第二は、われわれのもろもろの欲求を刺激することと、それらの満足が実際には阻止されていることとの間の矛盾である。第三は、個人の自由と、その事実上の限界との間の矛盾、すなわち自分自身の運命を決定する無限の力の感覚と、まったく無援の感覚との間の矛盾である。「これらの、わが国の文化に食い込んでいる矛盾は、まさしくノイローゼ患者が解消しようと懸命になっている葛藤なのである」(p.116)。

　このようなアメリカ文化の矛盾に対して、人々は、レッセ・フェール的な個人主義という伝統的な考え方に固執し、問題に正面から立ち向かっていないというのがリンドの主張である。そしてリンドは、それは、問題解決に取り組むべき、社会科学という知識の領域においても例外ではないという。本書の副題は、翻訳本では、「危機に立つ社会科学」となっているが、原題では、「アメリカ文化における社会科学の位置」である。『ミドルタウン』の副題が「現代アメリカ文化における研究」であり、つづく『変貌期のミドルタウン』の副題が「文化葛藤における研究」であったことを合わせ考えると、リンドは一貫して、アメリカ文化のあり方を問題にしていたことが分かる。その意味では、本書第三章の「アメリカ文化のパターン」は、ミドルタウン研究の一般化の試みと位置づけることが可能である。

(2)リンドの社会科学論

このようなアメリカ文化の抱える矛盾に対して、社会科学はどのように対処すべきなのであろうか。リンドは、「社会科学は、もし文化のなかでの生活に、解決を求める困惑状況が存在しなかったら、存在することはないだろう。そして紛争のもとになること、われわれがどうにかこうにか生活を営んでゆく際の習慣的なとり決めを撹乱すること、そしてより適切な方向における変動の可能性を実証することこそ社会科学の役割である」（p.213）という。そして、科学の本質を「分析し、推論を行ない、そしてその次に行為を実行することである」（p.187）と規定する。このような行動主義的な立場を鮮明にするリンドにとって、科学的客観主義を標榜するアメリカ社会科学の現状は、批判されるべき対象であった。

科学的客観性という社会科学の防護役を批判してリンドは、次のようにいう。「事態がどのように変動してきたかに関する経験的研究は、〈われわれの諸制度はわれわれをどこへ連れていこうとしているのか、そしてわれわれはそれらがわれわれをどこへ連れていってくれることを欲しているのか〉といった、やっかいな問いを発する必要からわれわれを免れさすべく働く。もし文化から内的な、運命づけられた目的論をはぎ取り、そして文化を、あらゆる文化が実際そうである、そのズレ、矛盾、正しい推論と誤った推論、および明快な動機づけと混乱した動機づけとからなるごったの固りだと見なせば、そうすれば所与の制度的領域内で歩を進め、そしてその諸問題に関して、それが行なう言明を彼のものとして受け入れる科学者は、科学を自らのジレンマに直面している人間にとって潜在的に有用なものたらしめる、まさにあの客観性を大々的に放棄しつつあると言えよう」(pp.144-145)。そして、そのような社会科学者は、利益追求的社会といった大きな病に対して、商業を刺激するために価格水準を操作するといった小さな治療法を探し求めてあがく経済学者のごとく近視眼的な態度を取らざるを得ないと手厳しい。

つづいてリンドは、社会科学における価値の問題に言及する。自然科学が扱う自然は中立的だが、社会科学が扱う文化は中立的ではないというのがリンドの主張であり、「そうしたバイアスのある世界のなかで社会科学者が科学の中立性を力説する理由は理解しうるが、しかしそれは、社会科学の責任である、まさにそのことを社会科学が行なう能力を重大に削減するという、不幸な帰結をもたらす」（p.213）という。実際、価値は、調査研究のための意義ある、重要な問題の予備的選択において常に適用されているのであり、価値は、社会科学のデータに内在する意味の分析あるいは解釈を偏らせるために適用されるべきではないが、問題そもそもの選択のなかに常に存在しているのである。そしてリンドは、なぜわれわれは科学者を訓練するのかという問いに、それは、「観察、分析、および操作の上質な技術を授けるためであることは確かだ。しかし、もっと重要なのは、よく訓練された科学者の著しい特徴は、〈意義ある〉問題およびデータと〈意義のない〉それらとを識別する彼の能力にある」と答え、よい科学的訓練は、重要な問題に対する感受性を育て、科学者に選別的な観点を授けるのだという。

それに対して、アメリカ社会科学の現状は、「理論構築の余りにも容易な時代からたった今抜け出して、根づよい経験論と数量化との世界のなかに踏み込んだのであり、そして急速な変動の時代のなかで、記述し数量化すべき多数のことがらによって忙殺されているのだが、そこでの支配的な傾向は制度的なことがらとそれに結びついた諸価値とを、所与のものとして受け入れることに重大に加担している。現代の教授たちは、事実の公言に自分自身を限定しており、ラディカルな批判と一般化とは、〈すべてのデータが集まるまで〉待たねばならない」(p.216)ということである。このようなリンドの文化目標それ自体を批判的に問題にしようとする姿勢と、それを所与のものとした研究との相違は、デュルケームのアノミー論とコロンビア大学でのリンドの同僚マートンのアノミー論とを対比させることで、より理解が深まるであろう。

マートンは、文化的に承認された目標が、もはや制度的な枠組み、すなわち社会構造と適合しなくなったときにアノミーが生ずるという。マートンにとっては、文化目標それ自体ではなく、社会構造がアノミーや逸脱行動への緊張を生み出す。それゆえ、その緊張を緩和する対策は、できるだけ多くの人々が成功目標を達成できるように、その機会構造を変えることである。一方、デュルケームは、人々があまりにも多くの機会をもっている場合、および選択の無制限な可能性が文化的境界を消し去り、文化目標を無効にする場合にアノミーが生じるという。マートンが、個人主義的立場から発想し、いかにそれと共生するかを問題にしているのに対して、デュルケームは、個人主義を問題の根源と見なしていることが理解できる。リンドは、明らかにデュルケームの立場に近く、現代生活の混乱から抜け出すためには、われわれの文化目標そのものを批判的に検討しなければならないことになる。

リンドがもう一つ強調するのが、社会科学における意図的な学際研究の必要性である。リンドにとって、文化とは「ある共通の地理的な領域に居住する一群の人びとが行なっているすべてのことがら、彼らが何かをする時の仕方や何かを考え、そして感ずるその仕方、彼らの物質的な道具や彼らの価値ならびに象徴のこと」（p.27）を指している。そして文化は、それによって生活する人間とは別の何かであるのではなく、「文化とは諸個人の習慣である」（p.45）という。リンドは、そのような文化を、個別の社会科学を統合する概念と考えていた。「すべての社会科学にとっての包括的な準拠枠、この全体性こそ、まさしく文化そのものに他ならない」（p.27）。けだし、アメリカ社会科学の現状は、専門的な研究に没頭していることが社会科学者の視野を狭め、あたかも隔離された経済問題、あるいは政治問題、あるいは社会問題を扱っているといった状況なのである。「個別科学としての社会科学は、内部的には自己永続性をもつアカデミックな伝統として営まれているために、経済学者、あるいは社会学者、あるいは政治学者、あるいは人類学者、であるということと、もっとも根底的な文化錯綜状況を効果的に解きほぐすのに必要な、個別科学複合的アプローチによって問題を解決することとを混同しがちである」（p.189）とリンドはいう。社会科学がしなければならないのは、裂け目を埋め、無視されていた問題領域を発展させるために、個別科学間の壁をくずし、互いに相手を豊かにし合うことである。

このような社会科学における学際研究を進めるうえでの障害として、リンドは、個別科学内部の教育のあり方、さらには、大学の学部学科構成のあり方に言及し、社会科学者に学際的調査研究を進める能力が欠如していると指摘する。「彼らは現在の個別科学の決まりきった考え方の範囲内で作業しているために、他の個別科学で訓練を受けた科学者たちとの緊密な協力のもとで作業することに内在する、もろもろの可能性を想像力を働かせて把握する能力が欠如しているのである」(p.191) という。また、「社会科学は、統一体としてみると、共通の基本的な理論構造を構築する努力を、現在ほとんどしていない」(p.193)、そして「総合化への努力は、いかなる単一の社会科学の責任ではありえず、すべての社会科学の共通の責任なのである」(p.198) という。

要するに、リンドがここで求めているものは、人びとが過度の競争とその代償としての娯楽操作の犠牲者となっているという現代の根本的な文化的困難状況に、学際的に立ち向かうことのできる問題解決志向型の社会科学なのである。「社会科学は、生きるための懸命な努力を行なっているような人間に、どれだけ役立つことのできる能力をもっているかに基づいて、台頭したり、没落したりするであろう」(p.199)。

(3) 若干の乱暴な仮説

リンドの最後の単行本『何のための知識か』は、今後の社会科学の課題や発展の方向を論ずる「若干の乱暴な仮説」というタイトルの章で締めくくられる。ここで、〈乱暴な〉というのは、原語ではoutrageousであり、でたらめということではなく、これまでの常識にとらわれない根源的な発想といった意味である。リンドは、「社会科学はズレが生じている文化に平和ではなく、剣をもたらす役割をそれ自身のために不可避的に受け入れねばならない」(p.239) という。そのことは、往々にして現在のなじみ深い現行体系と既得権益とを超越することになる。リンドは、ファシズムと戦争の脅威が強まり、資本主義とデモクラシーが危機に瀕するなかで、「どのようにしたら、基礎的な人間的価値の存続を可能にするに足るだけの広がりと速度とを備えた変動を、その革新がどれほどラディカルであろうとも、考案することができるであろうか」(p.243) と問う。

リンドは、この問いへの答えを、これまで自由放任的に扱われていた多くの領域で民主主義のための計画化と統制を強めることに求める。「われわれが直面している問題は、つまりデモクラシーの生活の真正な目的を助長するためにはどの位の統制を、どこで、そしていかに行なえばよいか、ということである」(p.248)。私的資本主義については、当然人々に与えられてしかるべき水準の一般的福祉を保証しえないゆえに、経済をつかさどる別の方法が探求される必要がある。「私的な金儲け以外のことがらによって動機づけられうる、人間の潜在的可能性とは何であろうか」また、「金銭的な自己利益が実際に、文明が依存する人間的行為の主源泉なのだろうか」(p.259)。さらに、現代社会科学は、生活上の階級敵対関係および対立という偏在的な事実を過小評価している。「もしわが国の現在の経済制度が階級対立を生み出し、そして増大しつつあることがわかれば、その場合には、社会科学はデモクラシーのもとでどんな提案をするのか」(p.263)。

アメリカでの人間の平等という主張は、デモクラシーが権威主義的な不平等への反抗であるという事実に由来した。しかし現在の、「わが国の文化における混乱のかなりの部分が人間をあたかも平等であるかのように扱おうとする努力から生じている」(p.263)。結果的には、平等の名のもとに不平等を制度化しがちである。「デモクラシーが生き残る望みと、人間の福祉が増大する見通しとは、人間が不平等であるという事実の明示的承認によって、不平等の文化的原因の発見と除去とによって、そして不平等の原因が主として生物学的である場合には、自由と責任とを能力に適応させるべく文化の再構成を行なうことによって、高まることだろう」(p.263)。社会科学は、こうした不平等に対する配慮がなされるように文化を再構成する方法を示す必要がある。「わが国の文化は不平等な人びとの無益な奮戦によって、つまり余りにも複雑な状況のなかで自分が他人と平等であるということについて、自らが担わねばならぬ証明の重荷の正当性を主張しようとすることによって、絶えざる損害を蒙っている」(p.266)。つまりは、その重圧が、多くの自殺や精神疾患を生んでいる。人々は、そのような不安から逃れるために、さまざまな戦略を用いるが、そのなかには、消費行動によって不安を麻痺させようとしたり、物乞いに対して無感覚になることで、不安を回避したり、またある場合には、自分自身の内部にひきこもることが含まれる。

リンドはさらに続ける。「文化は多数の人びとによって広く共有された情緒的に共鳴できる忠誠心の中心的な核がなければ、活気にあふれた生き方をすることはできない」(p.274)。ただし、それを伝統的な宗教に求めることはもはやできない。それゆえ、アメリカ文化は、共通目的の核を発見し、自らの構造にしっかり組み込む必要がある。「このような共有された忠誠心の表われの内容と形式を探り出すのに力を貸すことこそ、人間的価値をそのデータの一部分として承認する科学の責任である」(p.275)。「すべての人びとにおける人間的に豊かな渇望の上に築かれ、そして個人の間における質的な差異を受け入れる、創造的で共通の目的を樹立することに乗り出すアメリカ文化があるとしたら、それはどんなたぐいのアメリカ文化であろうか」(p.276)。

では、人びとは、デモクラシーをどのように計画し、統制することができるのか。この問いへの答えは、本書のなかには見つからない。ただ、リンドは、個人的にも社会的にも、人びとがより良い意思決定をできる状況を想い描き、人びとが良い選択を可能にするための指針を示唆している。要するに、ここでリンドが求めているのは、人びとにとってのより良い文化を計画的に創り上げることであり、社会科学の知識は、そのためにあるというのがリンドの主張である。そして、社会科学者は、文化再構成の専門家としての役割を担うべきであるという。個人が、重要なことがらについて、盲目的な判断を下す機会を減らすために、「民主主義的な過程のなかに仲介役の専門家が遂行する一層大きな任務を組み込む」(p.266) 必要があるとリンドは考えていたからである。

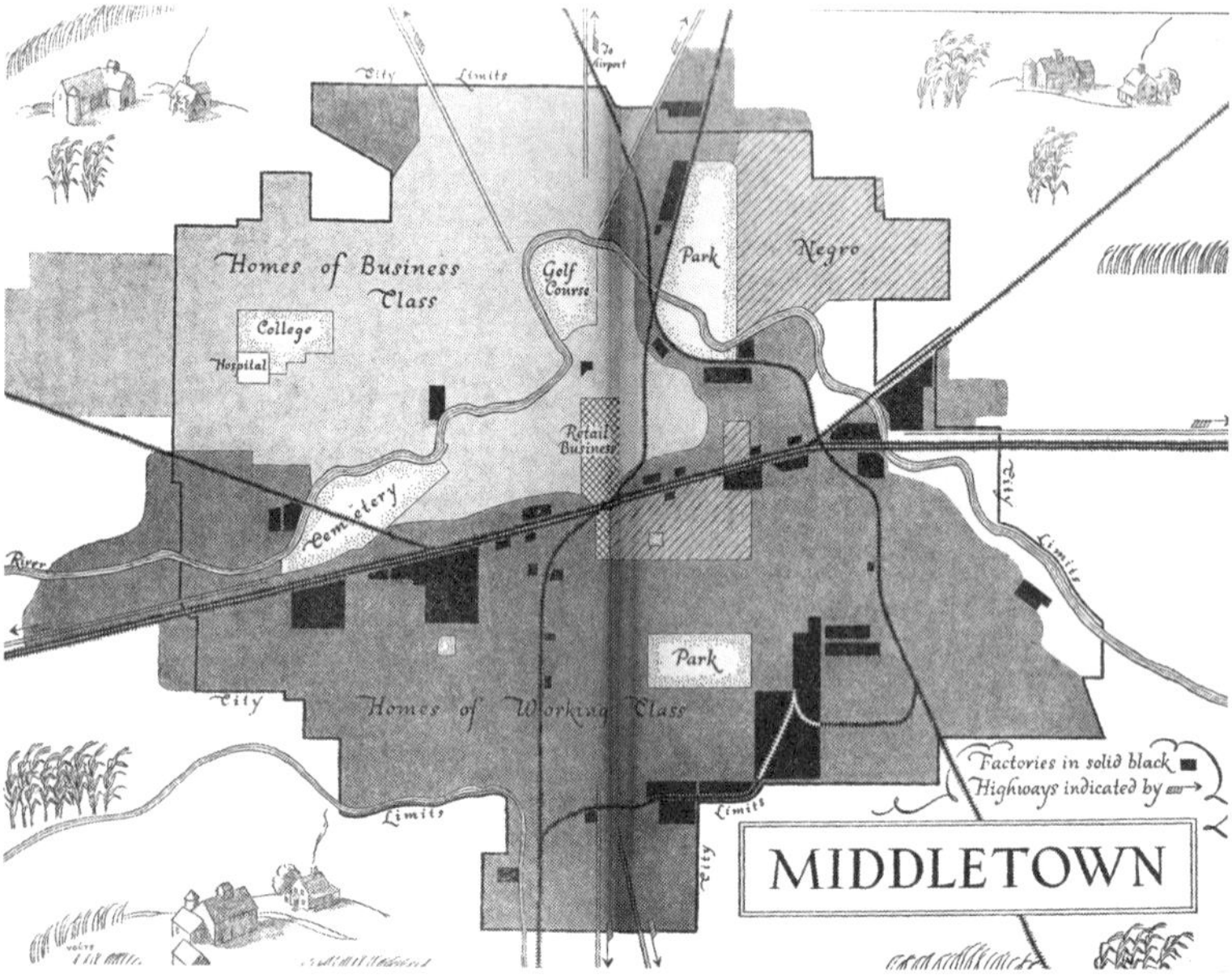
City Limits
To Airport
Homes of Business Class
College
Hospital
Golf Course
Park
Negro
Retail Business
Cemetery
River
Park
City
Homes of Working Class
Limits
City Limits
Factories in solid black
Highways indicated by
MIDDLETOWN

ミドルタウンの地図

第3章　評価・影響・現代的意義

リンドの著作

1　評価

リンドの生涯を通した業績は、付録の業績一覧のとおりである。前章では、このなかから、単行本として刊行された、『ミドルタウン――現代アメリカ文化における研究』、『変貌期のミドルタウン――文化葛藤における研究』、『何のための知識か――アメリカ文化における社会科学の位置』の三冊をリンドの主要な業績として取り上げ、その内容を紹介した。すでに触れたように、リンドの一貫した問題関心は、これらの書物の副題に見られるように、変動期におけるアメリカ文化のあり方、より限定的には、アメリカ・デモクラシーのあり様にあった。そして戦後は、とりわけアメリカ社会の権力構造への関心が強まっていく。この権力構造の問題をテーマに、リンドがもう一冊の単行本を構想していたことはすでに述べた。

ここでは、まず、リンドの主要業績三冊の学界での評価について見ておこう。なんと言ってもリンドの名を、後世に残らしめたのは、ミドルタウン調査である。最初の作品『ミドルタウン』は、すでに述べたように、発刊後八年間で、三万二〇〇〇部が売れた。「それが〈タイムズ〉と〈ヘラルド・トリビューン〉の第一ページの書評になったとき、誰も私たちほどには驚かなかった。ブレンターノ書店のウインドウが、全部『ミドルタウン』だけで飾られた」（Lynd, H. Possibilities, p.40）とのちにへレンが回想している。その後、一九五四年までに、五万四三〇〇部が売れたという。
この成功がリンドをコロンビア大学の職に就かせることになるが、一九三〇年一一月、その推薦書にマッキーヴァーは次のように書いた。「それは、アメリカ小都市の社会生活のもっとも明示的かつインテンシブな研究であり、コミュニティ生活研究への極めて巧みなアプローチと広く認められている。おそらく、それは、アメリカ社会学の分野で、過去一〇年間のうちで、もっとも注目に値する一冊であろう。（中略）それは、もし彼がアカデミックな世界に招かれれば、より一層、研究を発展させるであろう人物としてリンドを際立たせた。（中略）優れた資料収集分析の能力、社会状況に作用している力への洞察力、明快で適切な表現力といったことから、彼は、賞賛しうる学者になるであろう」。

ただし、アメリカ社会学会誌への書評掲載ということでいえば、当時はまだAmerican Sociological Review（ＡＳＲ）誌は刊行されておらず、American Journal of Sociology（ＡＪＳ）誌の一九三一年一一月号に、シカゴ大学のＥ・バージェスが書評を書いている。『ミドルタウン』刊行後、三年弱が経過していることになり、刊行当時、リンド自身が必ずしもアカデミックな世界の人間ではなかったこともあって、『ミドルタウン』は社会学界よりも、一般の読者層により積極的に受け入れられたのであろう。そのバージェスの書評は、一頁足らずで、内容は、人類学的方法を越えて、社会科学において利用可能な調査技法、すなわち文書分析、統計分析、面接、質問紙法などを総合して用いており、ケーススタディと統計的資料の双方を有効に利用することに成功していると評価している。また、コミュニティ研究の方法への貢献として、一八九〇年と一九二四年の二時点に関心を集中することで、単なる個別の地域社会の社会史ではなく、アメリカ文化の変化の研究に成りえていることを評価している。さらに、この現代アメリカ文化研究に成っていること自体にリンドの仕事の恒久的な価値を認め、技術の進歩と文化的な遅れとの間の対照を、説得的かつドラマティックに描いている点を高く評価している。そして最後に、注文として、個人のパーソナリティの発達とコミュニティ生活との関係をより探る必要があること、およびシカゴ学派がやっているような親密性や共感といったコミュニティ生活における人間性の研究を含むべきであることを指摘している。

つづくリンドの著作『変貌期のミドルタウン』については、フォックスが、戦後の論者をとりあげて、その多くが最初の作品『ミドルタウン』に比べて、失望する本であると述べていることを紹介している。ただし、刊行当時の社会学界の反応は、最初の作品よりもずっと早いものであった。本書が刊行された一九三七年、すでにその年のＡＪＳの一一月号に、前回と同じバージェスが書評を寄せている。そして、今回の書評は、量的にも二頁を越えるものになっている。その内容は、本書が社会学ばかりでなく、アメリカの文献史上に永久に残るであろう重要な文化的資料であり、記述的、解釈的な研究であると評価したうえで、方法論の批判的考察と代案の提示、二つの書物の間に見られる変化の指摘、リンドの価値観とその調査研究への影響の三点にわたっている。

まず、方法論の問題としては、今回の調査が時間的制約のなかで、フィールドワークが不十分であり、質問紙法や他のサンプリング調査を用いた方法が実施されていればより望ましかったこと。統計的資料の扱いは巧みであるが、生活史の方法が取られたならば、その地域の文化を理解するうえで、有益なデータが得られたであろうこと。人間生態学の方法をもっと活用していれば、コミュニティ生活の文化的上部構造の分析に対して、その客観的事実の基盤を提供できていたであろうことを指摘している。

最初の作品と今回の本との間の変化としては、まず、前者における業務階層と労務階層という社会階層の単純すぎる二分法が修正されて、より適切な六つの社会階層が設定されていることを評価している。次に、前者が人類学的研究であったのに対して、本書は、ほぼ完全に社会学の領域になっていること。しかし、ミドルタウンとその人びとを、原始的な部族と同じように研究できるという人類学的前提がまだ残っており、その点は疑わしいこと。つまり、経済的、社会的総体としてのミドルタウンは、後背地や大都市圏、より広い地域や国家といった他の制度との機能的な関係のなかで研究されねばならないことを指摘する。また、両方の成果とも、基本的に分析的というよりは記述的なものであるが、本書では、コミュニティの支配的な家族の役割とミドルタウン精神の機能に関する新たな章が、記述から分析へのトレンドを示すものになっている点を評価している。

最後のリンドの価値観とその調査研究への影響については、本書の序文で、リンドが研究者の視点の研究への影響という重要な方法論的問題を取り上げていることに触れ、リンド自身が、ミドルタウンの研究に、ニューヨークという大都市で暮らす者の文化的観点、社会科学的な背景や構え、自由放任主義的個人主義に対する不信感や政府の干渉と計画への信念および台頭するファシズムに対する不安といったモダン・リベラルの偏見を持ち込んでいることを指摘する。そして、合理的社会行動、集合主義、中央集権化した政府統制といったことがらへのリンドの選好が、明らかに結果の解釈に影響し、広く行き渡っている既存の文化の肯定的な機能への評価を制約しているという。そして、バージェスは、リンドが批判する民主的政治過程における便宜主義的政策こそが、その非論理性にもかかわらず、地域連帯という価値を維持し、それによって文化的葛藤を最小限にし、かつ集合的行動を許容しているのだと主張する。

このAJS誌上の二つの書評を比べてみるとき、その量からみても内容的にも、バージェスは、『ミドルタウン』よりも『変貌期のミドルタウン』の方を社会学的な業績と見なしてより評価しているようにみえる。その背景には、まだ歴史の浅い社会学という学問の枠内で、当時主流になりつつあった論理実証主義を旗印に、理論化の作業を重視していくアカデミックな土壌を見て取ることができる。実際、J・マッジによれば、リンド自身も、コロンビア大学に就任して、初めて社会学的な理論的思考や論争に晒され、当時客員教員としてコロンビア大学にきていたF・ズナニエッキの影響もあって、理論的な立場を踏まえて、フィールド調査を行なう必要性を強く感じていたという(Madge, The Origin of Scientific Sociology, 1962, p.130)。

リンドの最後の単行本『何のための知識か』のアカデミック界での評価はおしなべてあまり芳しいものでなかったことは第1章ですでに触れた。アメリカ社会学会誌(AJS)に掲載されたベニントン大学のG・ランドバーグの書評は、それでも比較的好意的なものであったが、サーベイ・グラフィック誌のマッキーヴァーの書評は、かなり辛らつなものであった。この書評に対しては、めずらしくリンドのリプライも同時に掲載されているので、ここで取り上げてみたい。

マッキーヴァーの書評のタイトルは、「思考の永続的な体系」である。このなかでマッキーヴァーは、リンドのミドルタウン調査の仕事を高く評価しつつも、今回の社会科学全般に対するリンドの論及は、極めて一方的な見方であり、過度に歪曲されているという。それはリンドが、自分自身の倫理的態度と科学的な態度とを混同しているからであり、ラディカルな批判と科学的な一般化とは別の事柄だとマッキーヴァーは批判する。また、リンドが社会科学の役割に社会問題の解決を強調するのに対して、マッキーヴァーは、問題解決自身は科学の役割ではなく、偉大な科学者は、隠れた関係性を発見し、それによって思考の永続的な体系に貢献することだという。リンドは、このすべての科学の基本になる、知的活動の重要性を無視していると批判する。そして、リンドの社会学が、デュルケームやウェーバー、V・パレート、テンニースといった社会学の過去の遺産に全く言及しない点にも不満を示す。マッキーヴァーはアリストテレスの言葉を引いて、知ることへの強い欲求は、人間の基本的な属性だと主張する(MacIver, Enduring Systems of Thought, Survey Graphic, August 1939, pp. 496-497)。

一方、リンドのリプライのタイトルは、「知性は戦わねばならない」であり、現在、もし民主主義が危機にあり、また、もし階級分裂が強まり、ファシズムの脅威が強まっているならば、純粋な好奇心や超然とした客観性を擁護する象牙の塔は、人類にとって何の役にたつのかと反論する。そして、科学者は、ご都合主義の口実として、純粋な知的好奇心というフレーズを悪用してはならないと手厳しい。また、リンドは、マッキーヴァーが、彼の背景からして、現状分析の経験的な科学よりも、過去の理論的な体系構築に重きを置いているとして、現在、大学でみられるような理論と経験主義の対立は、科学的エネルギーの損失であって、良い理論と良い実践は対立するものではないと改めて主張する。そして、この本の目的の一つは、社会科学に対して、より現実的で首尾一貫した理論構造の基礎を提供することであったという（Lynd, Intelligence Must Fight, Survey Graphic, August 1939, pp. 498-499)。

この両者の言い分のどちらに分があるかは、ここでは問わない。ただ、社会科学の存在理由への考え方が、それが置かれた時代状況に大きく左右されることは否定できない。例えば、草稿が六〇年代半ばに書かれたという、ニューヨーク市立大学のR・エングラーによる、『何のための知識か』に対する評価は、若い研究者や学生の「何のために学ぶのか?」という繰り返し発せられる問いに、この本が今日改めて、読み返される必要があるというものであった（Engler, Knowledge for What? Indeed, Journal of the History of Sociology, 1979-80, pp.121-127)。この点は、わが国においても同様で、六〇年代の学生運動は、まずもって大学という象牙の塔に引きこもる知性に対する反抗であり、問題提起であった。リンドの業績の現代的意義については、節を改めて論じることにしたい。

2　影響・継承

(1) 仕事のインパクト

リンドの仕事の後世への影響は、多くの古典的業績と同様、少なからぬものであった。その影響は、社会学の分野ばかりでなく、他の分野にも及んだ。ミドルタウンの情報的価値をいち早く利用したのは、社会史家のF・L・アレンであった。彼は、一九二〇年代のアメリカを描いた『オンリー・イエスタディ』（一九三一年）で、リンドのミドルタウン調査の知見を多いに活用した。この本のあとがきに、アレンは、「この年代記に引用した本の著者たちから、私はたいへん多くの恩恵を受けた。特に、ロバート・S・リンド、ヘレン・メリル・リンド夫妻によるアメリカ都市のみごとな社会学的研究『ミドルタウン』から多様で正確な資料を、五章ばかりでなく、各所にしばしば引用させてもらった。第一次大戦後の十年間を研究する良心的な歴史学者が、どうして資料の鉱脈ともいうべきこの本をおろそかにしているのか、私には理解できない」と書いた。さらに、続く一九三〇年代のアメリカを描いた『シンス・イエスタディ』（一九三九年）のあとがきでも、この前回の文章を引用したのち、「必要な改変をほどこした夫妻の『過渡期のミドルタウン』についても、いままったく同じことが言えると思う。他のいかなる文献にもまして、多くの引用を行なったし、なによりもこの本を頼りにしたと言ってよかろう」と記している。アレンがもっとも活用した情報は、どのように自動車が人々の性的な行動を変化させたのかとか、宗教の影響力の衰退にともなう許容される行動の増加といった、人びとのマナーやモラルに関するものであった。

『オンリー・イエスタディ』の解説「現代消費社会を透徹する眼」に、吉見俊哉が書くように、アレンの仕事は、「現在ではアメリカを中心に世界を覆っているかに見える消費の文化を、その誕生の瞬間において鮮やかに捉えた同時代史」であった。そして今日、M・スミスとフォックスは、リンドの仕事を消費社会分析のパイオニアとして位置づけている。スミスは、社会学史の専門誌に、「ロバート・リンドと一九三〇年代の消費主義」（一九八〇年）と題した論文を載せ、フォックスは、J・リヤーズとの共編著『消費の文化』（一九八三年）のなかで、「ミドルタウンへの墓碑銘――ロバート・S・リンドと消費者文化の分析」という興味深い論稿を書いている。両者とも、広告の影響や消費行動へのリンドの関心を主要なテーマとして扱ったものである。

一方、政治学の領域では、リンドの地域社会の権力構造分析に関心が集まった。この分野の主導的な研究者の一人である、N・ポルスビーは、W・ミルズのパワー・エリート論を参照しつつ、ボール家のミドルタウン支配は、それほど完全なものではなく、マンシーの権力構造は一枚岩ではなく、競合する集団間で分裂していたのではないかとリンドの見方に疑問を投げかけている（Polsby, Power in Middletown: Fact and Value in Community Research, Canadian Journal of Economics and Political Science, November 1960, pp.592-603）。その後、地域社会の権力構造の研究は、エリート支配と多元主義モデルとの間で論争になったことは有名だが、一九八〇年代までには、その論争も下火になり、新たな関心は、地域社会を誰が支配しているかという問題から、地域政治の態度や行動へのインパクトに焦点をあてる、政治文化の研究にその重点が移っていった。

社会学の領域では、政治学と同様、権力構造研究への影響も見られるが、それ以上に、リンドの階級の扱い方に関心が集まった。リンドのマルクス主義的な社会経済的要因を重視する階級把握に対して、その後、多くの社会学者は、次第にウォーナー流のライフスタイル要因を重視する階層把握を多用するようになるが、リンドがミドルタウン調査のなかでやったような階級（階層）と人びとの行動や態度との関係に着目するという問題関心は受け継がれている。また、もう一つ重要なことに、リンドの調査方法論への影響がある。これには、フィールド調査の立場からは、もっと地元の情報提供者を活用すべきであるとか、量的調査の側からは、サンプルの代表性など多くの問題が論じられているが、それもリンドが、『ミドルタウン』の巻末に「調査法に関する覚書」と題して、調査方法論への関心を喚起したことが貢献している。また、社会学における追跡調査の重要性を、ミドルタウンの二つの調査を具体例に指摘する研究者も多い。

リンドの仕事の影響は、アメリカ国内ばかりでなく、リンドのフランクフルト学派への影響をM・ジェイは論じている（Jay, M., 1973, The Dialectical Imagination: A History of the Frankfurt School and the Institute for Social Research, 1923-1950、荒川幾男訳『弁証法的想像力』みすず書房）。また、日本においても、第二次世界大戦直後に、『ミドルタウン』が日高六郎によって紹介されて以来、日本の都市社会学研究者のあいだで有名な古典になったと中野卓が中村八朗の訳書『ミドゥルタウン』の所感で述べている。二つのミドルタウン調査の抄訳を行なったその中村自身も、訳者解説の冒頭で、「大学で社会学を学んだ経験をお持ちの方であれば、リンド夫妻の『ミドゥルタウン』と『変貌期のミドゥルタウン』という二冊の著書のことは必ず講義でお聞きになっているはずである」と記している。また、R・ドーアが、第二次世界大戦直後の東京で、このリンドのミドルタウン研究をモデルとして現地調査を行ない、『都市の日本人』を上梓したというのは有名な話である。

(2)ミドルタウンⅢ

もう一つ、日本ではあまり知られていないが、一九七〇年代にヴァージニア大学の社会学者T・キャプロウを中心とした研究グループが、インディアナ州マンシーすなわちミドルタウンで、通称ミドルタウンⅢと呼ばれる再調査プロジェクトを実施している。この研究グループは、リンドの最初のフィールド調査が終了してから丁度五〇年後に当たる、一九七五年にマンシーの調査を開始した。リンドたちと同様、マンシーに小さな事務所を構え、リンドたちよりも長い二年間以上に渡って調査を行なった。主要な研究スタッフは、組織および職業社会学者のキャプロウの他、ブリグハム・ヤング大学の家族社会学者H・バーと、同じ大学のエスニシティ研究者B・チャドウィックの三人の社会学者であった。そして実際の調査には、総勢二〇名ほどの調査者が関与した。さらに、このプロジェクトには、著名な社会学者と政治学者からなる顧問委員会が組織されていた。研究資金は、国家科学財団（NSF）から五〇万ドルが助成されている。

調査研究の枠組みは、六つの生活領域をカバーするというリンドたちの枠組みを踏襲しているが、研究チームの主要なメンバーが社会学者であったことから、その内容は、リンドたちの仕事よりも社会学的なものになった。調査の方法は、参与観察の方法も用いられたが、それにも増して、量的調査や統計分析が駆使された。国勢調査局の支援もあり、ミドルタウンⅢプロジェクトは、リンドたちよりもずっと多くのデータを蓄積することになった。その成果は、逐次、雑誌に掲載され、一九八五年までには、五〇本を越える論文が公刊された。また、家族と宗教の領域の成果は、それぞれ『ミドルタウンの家族』（一九八二年）、『すべて信仰深い人々』（一九八三年）という単行本の形で出版された。

研究の知見は、多くの分野で、マンシーは予想したよりもずっとこの五〇年間の社会変化が小さいということであった。この間、技術は非常に進歩し、近代化が進んだのに対して、人々の価値観にはそれほど大きな変化が見られない、あるいはリンドが考えていた方向とは異なる方向の変化が見られたという。例えば、家族の領域では、キャプロウたちは「一九二〇年代から一九七〇年代までの変化をみると、家族の連帯は強まり、世代間のギャップは小さくなり、夫婦間のコミュニケーションは親密になり、家族はより信仰的で、移動しなくなっている。家族生活の主要な特徴を見る限り、過去の二世代の傾向は、一般に語られている傾向とは反対の方向に変化している」(Caplow et al., Middletown Families, 1982, p.323) と指摘する。また、リンドが着目した、業務階層と労務階層の相違という点でも、キャプロウたちは「この支配的なライフスタイルにおいて、リンドが半世紀前に観察した、業務階層の家族と労務階層の家族との間の多くの相違は消滅しつつある。労務階層の人々もゴルフやテニスをし、ヨーロッパ旅行をし、子弟を大学に入れている。業務階層の人々も自ら芝刈りをし、子どものいる業務階層の妻も労務階層の妻同様、フルタイムの仕事をもつようになっている」(Ibid., p.15) という。

さらに宗教の領域でも、宗教的生活や実践はより洗練され、人々は宗派の違いを以前より気にしなくなり、教会には熱心に通い、道から外れた人々に対してもより寛容になったという。一人当たりの教会の数は二倍に増え、教会で行なう結婚式の割合は増加し、労務階層の家族による教会への寄付も増加するなど、一九二〇年代にリンドが予想していた、宗教的信仰の衰退は多くの指標で否定されたという。結論として、キャプロウたちは、世俗化の傾向は立証されなかったという。このように、ミドルタウンⅢの調査研究グループの研究結果は、概ね価値観の継続、寛容性の増大、平等化といった、リンドの悲観主義的な見方とは対照的に、楽観主義的で、現状肯定的なものであった。

ただし、このキャプロウたちのミドルタウンⅢの研究成果に対する反応は、リンドの『ミドルタウン』や『変貌期のミドルタウン』と比べるとずっと低調なものであった。その理由として、このプロジェクトの一員でもあった、ボール州立大学のD・フーバーは、『ミドルタウン』に比較して、内容が極めて保守的であったことと、社会学の今日的な関心や方法にそぐわなかったことを指摘している(Hoover, Middletown Revisited, 1990, p.31)。そのために、リベラルな知識人層とアカデミックな社会学界の双方に、この研究成果が受け入れられなかったという。また、キャプロウたちの作業が、あまりにも実証的(量的)側面を強調しすぎたために、マンシーの社会生活の実質が捉えられなくなってしまった。リンドが問題としていたのは、社会の量的な変化そのものよりも、人々の精神的な意味の領域の方であった。

3　現代的意義

(1) アメリカ文化批判

わが国ではこれまで、リンドに関して、調査方法としての参与観察法、社会階層論、およびコミュニティ権力構造論の先駆者という位置づけが一般的であった。しかし、すでに述べたように、リンドが生涯を通して一貫して追究しようとしていたものは、アメリカ文化の理想的なあり方であり、それを準拠とした現代アメリカ文化の批判であった。その批判の矛先は、第一に、『何のための知識か』で具体的に論じられたように、金銭的利益を得る欲望と安定を得る欲求という二つの文化目標間の対立、言い換えれば、アメリカ文化を特徴づけている極めて業績主義的で競争主義的な個人主義のあり方に向けられた。そこでは、自己利益の追求と他者への無関心が批判の的となる。このようなリンドの思考の原点は、若き日に抱いた、「人が本当に幸せになるための生き方とは、他者への創造的な奉仕にある」という信念に見いだすことができるであろう。

そして、アメリカ文化批判の第二は、増大する金銭的欲望そのもの、すなわち金銭文化ないし消費文化への批判である。リンドは、人々が物を作ることよりも金を稼ぐことに重きをおき、実際に働くよりも金銭制度の操作によって財をなそうとする傾向を批判する。また、リンドは、資本の巨大な権力を批判すると同時に、資本のさまざまな操作によって踊らされる人々にも批判の目を向け、資本支配のメカニズムを人々の生活や意識といった側面から解明することを試みる。産業化や都市化にともなう様々な社会不安を、商品に付与された理想的未来像のイメージを消費することで解消しようとする人々の生活行動が批判的に描かれる。

翻って現代は、グローバル化の名のもとに、地球規模でのアメリカナイゼーションが進行しつつある時代である。わが国でも、グローバルな競争に負けないことを大義に、業績主義的な個人主義に根ざした新自由主義の風潮が社会の至るところで広まっている。そこでは、リンドが批判した自由放任主義的な自己決定、自己責任の原則が支配的であり、その結果、弱者の切り捨てが問題となり、貧富の格差の拡大と階層の固定化が主題をなす〈格差社会〉という言葉が定着してきている。また、金銭文化の浸透、消費社会の深化はますます著しく、グローバルな消費主義に根ざした資本の支配が急速に進んでいる。人々は、生産よりも消費に、自己のアイデンティティを求めようと悪戦苦闘し、自己利益の追求のもとで、他者への想像力を減退させている。

このようにアメリカ文化が、ある種のグローバル・スタンダードになりつつある現在、大衆消費社会という現代のアメリカ文化の原型が築かれた一九二〇年代、三〇年代のアメリカ社会を対象とした、リンドのアメリカ文化のきわめて内省的な検討は大きな意義をもつ。確かに、資本主義と社会主義というイデオロギー対立が崩壊し、その点で、リンドの生きた時代とは時代状況が大きく異なるが、市場原理を優先する市場資本主義がグローバルに展開しつつある今日こそ、リンドが試みたような現代文化の内省的な作業が必要とされる。リンドは資本主義に対して、一貫してその否定者ではなく批判者であった。より良い社会の構築をめざして、今こそ、リンドの著作が同時代的に読まれる価値がある。

(2) 社会科学のあり方

『何のための知識か』でリンドは、当時の社会科学のあり方を厳しく批判した。一言でいえば、それは、直面する社会の危機に社会科学が十分に対応し得ていないということであった。その具体的内容は、第一に、問題解決志向が弱いこと、第二に、実践志向が弱いこと、第三に、学際的でないこと、第四に、体制順応的で根源的な批判に乏しいことの四点にまとめることができる。社会科学のあり方については、人それぞれの考え方があり、このそれぞれの論点に対しても、問題解決志向よりも科学的真理の探究、実践よりも価値中立的な事実分析、学際性よりも個別科学の専門性の追究、批判科学よりも政策科学といった異議が当然成り立つであろう。それゆえ、リンドの貢献は、社会科学のあり方の対抗軸を具体的に示し、論点を開示したことにある。その背景には、ファッシズムの脅威が強まり、世界大戦の危機が高まる情勢のなかで、学問の存在理由が真剣に問われねばならない時代状況があった。

わが国でも一九六〇年代は、高度成長のひずみが社会を覆い、多くの社会問題が噴出した時期であり、それに対して学問のあり方が鋭く問われた時期であった。象徴的には公害問題に対する学問的対応の問題があった。そこでは、まさに何のための知識かが問われ、問題解決志向、実践志向、学際性、批判性を重視する論調が強まった。しかし、その後、社会が安定化へ向かうにつれて、知識や学問のあり方への関心は薄れていった。そして八〇年代のバブル期を経て、〈失われた十年〉といわれる、不況の九〇年代、日本社会は、景気回復を第一義的な目標に据えた。それにつれて、今日、知識のあり方も、経済効率優先になりつつある。大学教育も、組織の生き残りをかけて、知識への本源的な問いかけをすることなく、資格教育重視へと舵を切っているようにみえる。ただし、社会の状況は、前項でも触れたように、新自由主義の風潮が強まるにつれて、格差社会に象徴されるさまざまな社会問題が噴出してきている。現在、わが国は、今後どのような社会をめざして進んでいくのか、その岐路に立っているというのが本当のところであろう。

このような変動の時代に、「社会科学は、もし文化のなかでの生活に、解決を求める困惑状況が存在しなかったら、存在することはないだろう。(中略)そしてより適切な方向における変動の可能性を実証することこそ社会科学の役割である」というリンドの主張は、重要な意味をもつ。社会の危機が増大するいま、まさに何のための知識かを社会科学に携わる者が自問し、議論する必要があるであろう。リンドの著作は、このことを考えるうえで、いまなお現代的意義を失っていない。

(3)調査方法論上の意義

最後に、リンドが二つのミドルタウン調査で用いた調査方法の現代的意義について触れておきたい。今日の実証的社会学には、一つの地域社会(コミュニティ)を総合的、全体的に捉えようとするモノグラフ的な調査と、数個の変数間の関係を分析的に捉えようとする標準化(質問紙)調査という二つの異なる社会調査の方法がある。言うまでもなく、リンドのミドルタウン調査は、前者のモノグラフ的な調査の先駆であり、その代表格である。

この二つの調査方法は、そもそも調査の質の違いであり、それ自体に優劣の対立はない筈であるが、リンドの活躍した時代は、アメリカ社会学において、徐々に後者の標準化調査が支配的になりつつある時代であった。そして、戦後、構造機能主義が社会学の中心的な理論と見なされるにつれて、ますますその傾向は強まった。この傾向は、戦後の日本の社会学界でも同様である。しかし、現在は、標準化調査における過度の抽象度の高さが批判され、個別モノグラフの再評価がなされつつある時代になっている。この意味でも、リンドの著作は、現在、読み直される価値がある。

リンドのミドルタウン調査は、質的な参与観察法を駆使したという評価が一般的だが、すでに見たように、そこでは、参与観察に加えて、量的な質問紙調査、インタビュー調査、文献分析、統計分析といった多岐にわたる方法が組み合わされて用いられている。それは、今日いうマルチ・メソッドの方法の典型になっている。さらに、二つのミドルタウン調査は、同一の地域社会を、時間を隔てて調査するという追跡調査の方法の重要性と有効性を具体的に示している。このようにリンドの著作は、調査方法論のうえでも、いまなお多くのことをわれわれに教えてくれる。これが、古典といわれるものの生命であろう。

付録

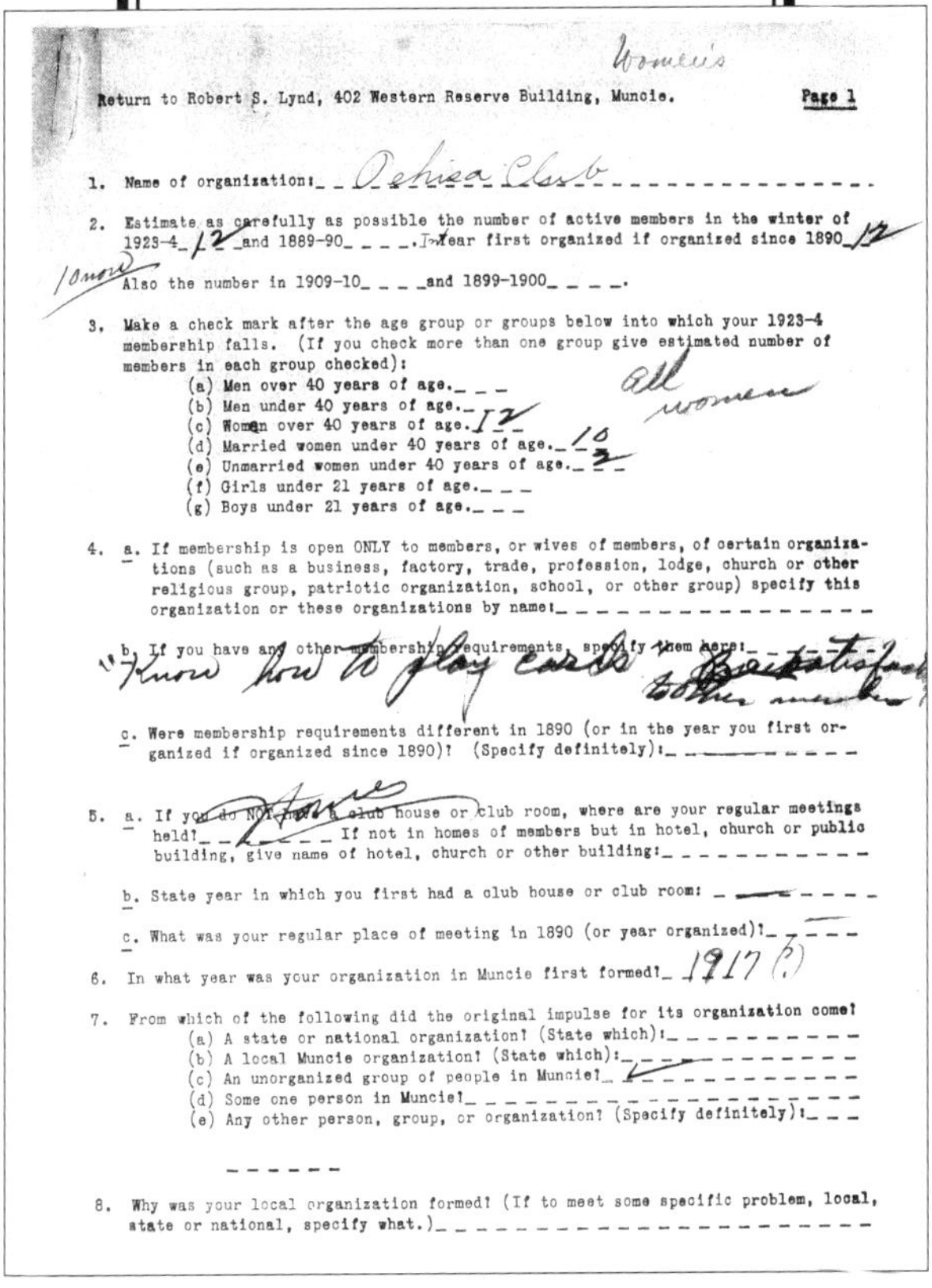

Women's

Return to Robert S. Lynd, 402 Western Reserve Building, Muncie. Page 1

1. Name of organization: Oehisa Club

2. Estimate as carefully as possible the number of active members in the winter of 1923-4 12 and 1889-90 _ _ _ _. Year first organized if organized since 1890 12
Also the number in 1909-10 _ _ _ and 1899-1900 _ _ _ _.

3. Make a check mark after the age group or groups below into which your 1923-4 membership falls. (If you check more than one group give estimated number of members in each group checked):
   (a) Men over 40 years of age. _ _ _
   (b) Men under 40 years of age. _ _ _
   (c) Women over 40 years of age. 12
   (d) Married women under 40 years of age. 10
   (e) Unmarried women under 40 years of age. 2
   (f) Girls under 21 years of age. _ _ _
   (g) Boys under 21 years of age. _ _ _

   All women

4. a. If membership is open ONLY to members, or wives of members, of certain organizations (such as a business, factory, trade, profession, lodge, church or other religious group, patriotic organization, school, or other group) specify this organization or these organizations by name: _ _ _ _ _ _ _ _ _ _ _ _ _ _ _

   b. If you have any other membership requirements, specify them here: "Know how to play cards"

   c. Were membership requirements different in 1890 (or in the year you first organized if organized since 1890)? (Specify definitely): _ _ _ _ _ _ _

5. a. If you do NOT have a club house or club room, where are your regular meetings held? Homes If not in homes of members but in hotel, church or public building, give name of hotel, church or other building: _ _ _ _ _ _ _ _ _ _

   b. State year in which you first had a club house or club room: _ _ _ _ _ _ _

   c. What was your regular place of meeting in 1890 (or year organized)? _ _ _ _

6. In what year was your organization in Muncie first formed? 1917 (?)

7. From which of the following did the original impulse for its organization come?
   (a) A state or national organization? (State which): _ _ _ _ _ _ _ _ _
   (b) A local Muncie organization? (State which): _ _ _ _ _ _ _ _ _
   (c) An unorganized group of people in Muncie? ✓
   (d) Some one person in Muncie? _ _ _ _ _ _ _ _ _ _ _ _ _ _ _
   (e) Any other person, group, or organization? (Specify definitely): _ _ _

   _ _ _ _ _ _

8. Why was your local organization formed? (If to meet some specific problem, local, state or national, specify what.) _

調査票

リンド業績一覧

1921 But Why Preach?, Harper's, 143, 81-85.
1922 Crude-oil Religion, Harper's, 158, 425-434.
1922 Done in Oil, Survey, 49, 136-146.
1923 Papier Geld, Its Rate of Exchange in the Human Market, Survey, 51, 138-141.
1927 What are Social Studies?, School and Society, 25, 216-219.
1928 I Wish I Had More Time to Read, National Education Association Journal, 17, 72.
1929 （with Helen Merrell Lynd）, Middletown: A Study in Contemporary American Culture, Harcourt, Brace and Co..（中村八朗（抄）訳『ミドゥルタウン』、青木書店、一九九〇）
1930 Cooperative Organization for Research in the Social Sciences, Journal of Proceedings and Addresses of the Association of American Universities, University of Chicago Press, 138-150.
1932 Book Industry, The Saturday Review of Literature, 8, 458-459.
1932 A Housing Research Institute for Columbia: A Proposal, Columbia University Quarterly, 24, 35-41.
1932 Family Members as Consumers, The Annals of the American Academy of Political and Social Science, 160, 86-93.
1932 Manhattan Boom-Town, Survey, 68, 465.
1933 （with the assistance of Alice C. Hanson）, The People as Consumers, Recent Social Trends in the United States, II, McGraw-Hill, 858-911.
1934 New Deal for the Consumer?, New Republic, 77, 220-222.
1934 Why the Consumer Wants Quality Standards, Advertising and Selling, 22, 15-16, 46.
1934 Consumers' Advisory Board in the N.R.A., Publishers Weekly, 125, 1607-1608.
1934 Introduction, The Annals of the American Academy of Political and Social Science, 173, ix-xiv.

1934 Consumer Becomes a Problem, The Annals of the American Academy of Political and Social Science, 173, 1-6.
1934 Living in the Present, Parents Magazine, 9, 22-23.
1935 One Year of the NRA: The Consumer, Viewpoints on Economic and Social Issues, Institute of Rural Economics, Rutgers University Press, 67-72.
1936 Democracy's Third Estates: The Consumer, Political Science Quarterly, 51, 481-515.（橋本和孝訳「民主主義の第三の身分——消費者」（上）（下）、「国民生活研究」二五・二六、一九八六）
1937 （with H. Lynd）, Reading During the Depression, Publishers Weekly, 131, 1587-1590.
1937 Review of Carl L. Becker, Progress and Power, American Historical Review, 42, 704-705.
1937 Cultivating the Psychological Point of Sale, Publishers Weekly, 132, 378-379.
1937 "Foreword" to Helmuth Carl Engelbrecht, The Revolt Against War, Dodd, Mead and Co..
1937（with H. Lynd）, Middletown in Transition: A Study in Cultural Conflicts, Harcourt, Brace and Co..（中村八朗（抄）訳『ミドゥルタウン』、青木書店、一九九〇）
1938 Review of Thurman Arnold, The Folklore of Capitalism, Science and Society, 2, 397-401.
1939 Knowledge for What? : The Place of Social Science in American Culture, Princeton University Press.（小野修三訳『何のための知識か——危機に立つ社会科学』、三一書房、一九七九）
1939 Intelligence Must Fight, Survey Graphic, 28, 498-499.
1939 The Place of the University in 1940, Columbia University Quarterly, 39, 241-251.
1940 Democracy in Reverse, Public Opinion Quarterly, 4, 218-220.
1940 "Foreword" to Persia Campbell, Consumer Representation in the New Deal, Columbia University Press.
1942 （with George H. Sabine, Arthur N. Holcombe, Arthur W. McMahon, and Carl Wittke）, The Textbooks of Harold Rugg: An Analysis, American Committee for Democracy and Intellectual Freedom.
1942 Not That Way, Mr. Nelson, The Nation, 154, 393-395.

1942　Structure of Power, New Republic, 107, 597-600.
1943　"Foreword" to Robert A. Brady, Business as a System of Power, Columbia University Press.
1944　Implications of Economic Planning for Sociology, American Sociological Review, 9, 14-20.
1944　Prison for American Genius, The Saturday Review of Literature, 27, 5-7, 27.
1944　Is Technology Politically Neutral?, Proceedings No. 1 of the Research Bureau for Post-War Economics, 37-47.
1945　"Foreword" to John P. Dean, Home Ownership: Is it Sound?, Harper and Bros.
1945　Power Politics and the Postwar World, The Postwar World: The Merrick Lectures, Abingdon-Cokesbury, 27-42.
1945　Strategy of Power, New Republic, 112, 511-512.
1945　Planned Social Solidarity in the Soviet Union, The American Journal of Sociology, 51, 183-197.
1946　We Should Be Clear as to What Are the Essentials and What Are the Historic Trappings of Democracy, Labor and Nation, 1, 33-39.
1946　The Gentlemen Talk of Science, Jerome Nathanson（ed.）, Science for Democracy, Kings Crown.
1947　Capitalism's Happy New Year, The Nation, 163, 748-750.
1948　Labor-Management Cooperation: How Far, to What End?, Labor and Nation, 4, 36-38.
1948　Who Calls the Tune?, The Journal of Higher Education, 19, 163-174, 217.
1948　Squaring the Economic Circle, The Saturday Review of Literature, 31, 24-25.
1949　You Can Do It Better Democratically, UAW-CIO Education Department.
1949　Tiptoeing Around Classes, New Republic, 121, 17-18.
1949　The Science of Inhuman Relations, New Republic, 121, 22-25.
1949　Where Is the U.S. Going?, New Republic, 121, 17.
1950　"Foreword" to Seymour Martin Lipset, Agrarian Socialism: The Cooperative Commonwealth Federation in Saskatchewan, University of California Press.
1950　Ideology and the Soviet Family, American Slavic Review, 9, 268-278.

1951 Our 'Racket' Society, The Nation, 173, 150-152.
1952 Whose Wars?, the Nation, 175, 601-603.
1953 Glory and Heartbreak, The Nation, 176, 418-419.
1956 Power in the United States, The Nation, 182, 408-411.
1957 Power in American Society as Resource and Problem, A. Kornhauser（ed.）, Problems of Power in American Society, Wayne University Press.

参考文献

邦文献

馬場明男(一九八八)「リンド以後のミドルタウンの研究」『社会学論叢』一〇二号、四八〜六一、日本大学社会学会。

後藤　隆(一九八六)「リンド像再構成の基本的文脈」『一橋研究』一〇巻四号、一一五〜一二八、一橋大学。

――(一九八六)「R・S・リンドのミドルタウン分析における制度学派的視点――習慣的意識の変動と制度化をめぐって」『経済社会学会年報』Ⅷ、二四五〜二五二、時潮社。

――(一九八七)「R・S・リンド権力論のプロトタイプ――資本による消費者意識の組織化」『経済社会学会年報』Ⅸ、一六九〜一七八、新評論社。

――(一九九四)「ロバート・リンドのミドルタウン調査」石川淳志他編『社会調査――歴史と視点』ミネルヴァ書房。

韓　榮恵(一九九〇)「『ミドゥルタウン』は都市社会学の著作か――バージェスの二つの書評の比較分析」『年報筑波社会学』二号、一〇三〜一一六、筑波社会学会。

橋本和孝(一九八九)「宗教的関心から社会問題へ――ロバート・S・リンドの出発点」『行政社会論集』一巻三・四号、三三〜五八、福島大学行政社会学会。

叶堂隆三(一九八七)「生活研究としての『ミドルタウン』――その余暇生活の分析を中心として」『社会学年誌』二八号、一四三〜一五七、早稲田社会学会。

――(一九九五)「ミドルタウン研究の今日的意義――地域生活研究としての再評価」『社会科学討究』四〇巻三号、八九七〜九一八、早稲田大学社会科学研究所。

鹿取　昭(一九五九)「リンドにおける方法論――ミドルタウン研究の分析」『社会学論叢』一六号、一六〜二六、三三、日本大学社会学研究室。

町村敬志(一九九〇)「「都市」社会学の可能性――『ミドゥルタウン』から考える」『年報筑波社会学』二号、一一七〜一二三、筑波社会学会。

中村八朗（一九九〇）「訳者解説」中村八朗訳『ミドゥルタウン』青木書店。

———（一九九〇）「『ミドゥルタウン』研究ノート——訳者解説の追録として」『年報筑波社会学』二号、124-141、筑波社会学会。

欧文献

Caplow, T. et al. 1982, *Middletown Families: Fifty Years of Change and Continuity*, University of Minnesota Press.
Caplow, T. et al. 1983, *All Faithful People*, University of Minnesota Press.
Engler, R., 1979-80, Knowledge for What? Indeed, *The journal of the History of Sociology*, vol.2, no.1, 121-126.
Etzkowitz, H., 1979-80, The Americanization of Marx: Middletown and Middletown in Transition, *The Journal of the History of Sociology*, vol.2, no.1, 41-57.（橋本和孝訳、「ミドルタウンはアメリカ版マルクスである」『行政社会論集』第一巻、一・二号、二六七〜二九一、福島大学行政社会学会、一九八八年）
Fox, R., 1983, Epitaph for Middletown: Robert S. Lynd and the Analysis of Consumer Culture, Fox, R. and Lears, J. eds., *The Culture of Consumption*, Pantheon Books.（小池和子訳、「ミドルタウンへの墓碑銘——ロバート・S・リンドと消費者文化の分析」『消費の文化』、勁草書房、一九八五年）
Hoover, D., 1990, Middletown Revisited, *Ball State Monograph* no. 34, Ball State University.
Lynd, H., 1983, *Possibilities, Friends of the Esther Raushenbush Library*, Sarah Lawrence College.
Madge, J., 1962, *Life in a Small Town, The Origin of Scientific Sociology*, The Free Press.
Smith, M., 1979-80, Robert Lynd and Consumerism in the 1930's, *The Journal of the History of Sociology*, vol.2, no.1, 99-119.
The Papers of Robert Staughton and Helen Merrell Lynd, Library of Congress,（Micro Film）.（上智大学中央図書館、請求番号：HN:57:L86:1981:v.1-v.8）

リンド略年表

一八九二年	九月二六日、米インディアナ州ニュー・オルバニーに生まれる
一八九六年	ヘレン・メリル・リンド、米イリノイ州ラ・グランジェに生まれる
一九一〇年	プリンストン大学入学
一九一四年	プリンストン大学英文学専攻卒業
	雑誌『パブリッシャーズ・ウィークリー』に編集助手として勤務
一九一四〜一八年	第一次世界大戦
一九一八年	陸軍一兵卒として五ヶ月間兵役につく
一九二〇年	マンハッタン・ユニオン神学校に入学
一九二一年	石油基地エルク・ベイスンに一五週間滞在
	ヘレンと結婚(後に二児を設ける)
一九二三年	ユニオン神学校卒業
	社会宗教調査研究所から小都市研究の指導者を委任される
一九二四年	インディアナ州マンシーで本格的な調査を開始
一九二七年	社会科学調査評議会(SSRC)の助手になる
一九二九年	『ミドルタウン』出版
	世界大恐慌
一九三〇年	フーバー大統領の社会動向調査委員会のプロジェクトに参加

一九三一年	コロンビア大学で Ph.D 取得
	ギディングスの後任としてコロンビア大学社会学教授に就任
一九三三年	ヒットラー政権を掌握
	ニューディール政策
一九三三～三五年	全国景気回復行政庁（NRA）の消費者助言会議で活動
一九三五年	インディアナ州マンシー再訪
一九三七年	『変貌期のミドルタウン』出版
一九三八年	プリンストン大学で「アメリカ文化と社会科学」と題する小講義
	サバティカル（研究休暇）を利用して、妻子とともに北欧に旅行
	（その間三週間ソ連に滞在）
一九三九年	『何のための知識か』出版
一九三九～四五年	第二次世界大戦
一九六〇年	コロンビア大学退職（名誉教授の称号授与）
一九七〇年	一一月一日、ニューヨークで死去。享年七八歳
一九七五年	ヴァージニア大学キャプロウの研究グループがミドルタウン再調査開始
一九八二年	妻ヘレン死去。享年八五歳

【タ行】

【ナ行】

【ハ行】

【マ行】

【ヤ行】

【ラ行】

事項索引

【ア行】

【カ行】

【サ行】

人名索引

著者紹介

園部　雅久（そのべ　まさひさ）

1950年、東京都に生まれる。
1981年、東京都立大学大学院社会科学研究科単位取得退学。
現在、上智大学総合人間科学部教授。社会学博士。

主な著書

『都市社会学のフロンティア3：変動・居住・計画』（共編著、日本評論社、1992）、『現代大都市社会論——分極化する都市？』（東信堂、2001）、『都市社会学入門』（共編著、文化書房博文社、2004）

Robert Lynd
An Introspective Critic on American Culture

〈シリーズ世界の社会学・日本の社会学〉
ロバート・リンド——アメリカ文化の内省的批判者

2008年4月25日　　初　版第1刷発行　　〔検印省略〕

定価はカバーに表示してあります。

著者©園部雅久／発行者 下田勝司　　印刷・製本／中央精版印刷

東京都文京区向丘1-20-6　　郵便振替00110-6-37828
〒113-0023　TEL（03）3818-5521　FAX（03）3818-5514　発行所 株式会社 東信堂
Published by TOSHINDO PUBLISHING CO., LTD.
1-20-6, Mukougaoka, Bunkyo-ku, Tokyo, 113-0023, Japan
E-mail : tk203444@fsinet.or.jp　http://www.toshindo-pub.com

ISBN978-4-88713-830-8　C3336

東信堂

〔現代社会学叢書〕

- 開発と地域変動―開発と内発的発展の相克　北島滋　三二〇〇円
- 在日華僑のアイデンティティの変容―華僑の多元的共生　過放　四四〇〇円
- 健康保険と医師会―社会保険創始期における医師と医療　北原龍二　三八〇〇円
- 事例分析への挑戦―個人現象への事例媒介的アプローチの試み　水野節夫　四六〇〇円
- 海外帰国子女のアイデンティティ―生活経験と通文化的人間形成　南保輔　三八〇〇円
- 現代大都市社会論―分極化する都市？　園部雅久　三八〇〇円
- インナーシティのコミュニティ形成―神戸市真野住民のまちづくり　今野裕昭　五四〇〇円
- ブラジル日系新宗教の展開―異文化布教の課題と実践　渡辺雅子　七八〇〇円
- イスラエルの政治文化とシチズンシップ　奥山眞知　三八〇〇円
- 正統性の喪失―アメリカの街頭犯罪と社会制度の衰退　G・ラフリー　室月誠監訳　三六〇〇円

〔シリーズ社会政策研究〕

- 福祉国家の社会学―21世紀における可能性を探る　三重野卓編　二〇〇〇円
- 福祉国家の変貌―グローバル化と分権化のなかで　小笠原浩一・武川正吾編　二〇〇〇円
- 福祉国家の医療改革―政策評価にもとづく選択　三重野卓・近藤克則編　二〇〇〇円
- 共生社会の理念と実際　三重野卓編　二〇〇〇円
- 福祉政策の理論と実際（改訂版）福祉社会学研究入門　三重野卓・平岡公一編　二五〇〇円
- 韓国の福祉国家・日本の福祉国家　武川正吾・キム・ヨンミョン編　三二〇〇円

- 改革進むオーストラリアの高齢者ケア　木下康仁　二四〇〇円
- 認知症家族介護を生きる―新しい認知症ケア時代の臨床社会学　井口高志　四二〇〇円

- 新版　新潟水俣病問題―加害と被害の社会学　飯島伸子・舩橋晴俊編　三八〇〇円
- 新潟水俣病をめぐる制度・表象・地域　関礼子　五六〇〇円
- 新潟水俣病問題の受容と克服　堀田恭子　四八〇〇円
- 公害被害放置の社会学―イタイイタイ病・カドミウム問題の歴史と現在　飯島伸子・渡辺伸一・藤川賢編　三六〇〇円

〒113-0023　東京都文京区向丘 1-20-6　TEL 03-3818-5521　FAX03-3818-5514　振替 00110-6-37828
Email tk203444@fsinet.or.jp　URL:http://www.toshindo-pub.com/

※定価：表示価格（本体）＋税

東信堂

- ミッション・スクールと戦争——立教学院のディレンマ　前田一男・老川慶喜編　五八〇〇円
- 教育の平等と正義　K・ハウ著　大桃敏行・中村雅子・後藤武俊訳　三二〇〇円
- 大学教育の改革と教育学　K・ノイマン著　小笠原道雄・坂越正樹監訳　二六〇〇円
- ドイツ教育思想の源流——教育哲学入門　R・ラサーン著　平野智美・佐藤直之・上野正道訳　二八〇〇円
- フェルディナン・ビュイッソンの教育思想——第三共和政初期教育改革史研究の一環として　尾上雅信　三八〇〇円
- 経験の意味世界をひらく——教育にとって経験とは何か　市村・早川・松浦・広石編　三八〇〇円
- 洞察＝想像力——知の解放とポストモダンの教育　D・スローン著　市村尚久・早川操監訳　三八〇〇円
- 文化変容のなかの子ども——経験・他者・関係性　高橋勝　二三〇〇円
- 教育の共生体へ——ボディ・エデュケーショナルの思想圏　田中智志編　三五〇〇円
- 人格形成概念の誕生——近代アメリカの教育概念史　田中智志　三六〇〇円
- 進路形成に対する「在り方生き方指導」の功罪——高校進路指導の社会学　望月由起　三六〇〇円
- 「学校協議会」の教育効果——「開かれた学校づくり」のエスノグラフィー　平田淳　五六〇〇円
- 学校発カリキュラム——日本版「エッセンシャル・クエスチョン」の構築　小田勝己編　二五〇〇円
- 階級・ジェンダー・再生産——現代資本主義社会の存続メカニズム　橋本健二　三二〇〇円
- 再生産論を読む——バーンステイン、ブルデュー、ボールズ＝ギンティス、ウィリスの再生産論　小内透　三二〇〇円
- 教育と不平等の社会理論——再生産論をこえて　小内透　三二〇〇円
- 教育と人権　W・ベーム編　岡野治子・乙訓稔監訳　二一〇〇円
- オフィシャル・ノレッジ批判——保守復権の時代における民主主義教育　M・W・アップル著　野崎・井口・小暮・池田監訳　三八〇〇円
- 新版 昭和教育史——天皇制と教育の史的展開　久保義三　一八〇〇〇円
- 地上の迷宮と心の楽園〔コメニウスセレクション〕　J・コメニウス　藤田輝夫訳　三六〇〇円

〒 113-0023　東京都文京区向丘 1-20-6　TEL 03-3818-5521　FAX03-3818-5514　振替 00110-6-37828
Email tk203444@fsinet.or.jp　URL:http://www.toshindo-pub.com/
※定価：表示価格（本体）＋税